Litiges, conflictualité
et limites de la médiation

Psycho - logiques

Collection fondée par Philippe Brenot
et dirigée par Joël Bernat

Sans exclusives ni frontières, les logiques président au fonctionnement psychique comme à la vie relationnelle. Toutes les pratiques, toutes les écoles ont leur place dans Psycho - logiques.

Dernières parutions

Odile CLERC, *Construire un couple éclairé. Comment éviter le fiasco*, 2025.
Eugène NTONDO BUBOTE, Matrilinéarité et migration. Quels enjeux pour quel père ?, 2024.
Lionel DALOZ, *Le désarroi du burnout. Propositions cliniques, évaluatives et thérapeutiques*, 2024.
Carla SERHAN, *Le voyage quantique de la jalousie amoureuse. Ne me quitte pas*, 2024.
Patrick Ange RAOULT, *Le soin psychique au sein de maisons de la psychologie, Face à une profession sans histoire, ni ordre, ni déontologie*, 2024.
Jean-Yves DE LA CAFFINIERE, *Transcendance. Faire connaissance avec soi-même*, 2024.
Serge DALLA PIAZZA, *Le spectre des psychopathies*, 2024.
Didier ROEHRIG, *Reprenez le contrôle de votre cerveau ! Manuel pratique de gestion des émotions*, 2024.
Philippe CIALDELLA, *ADN et globules blanc au secours de l'aliéné*, 2024.
Patrick TRAUBE, *Le psychothérapeute et son double. L'acoustique de l'âme*, 2024.
Germán HERRERO, *Écoutez-moi ! Approche contemporaine du cheval*, 2024.
Laurence BARRER, *Autisme = mc^2. Révolutionner la recherche sur le psychisme par la démarche scientifique*, 2024.
Jean-Curt KELLER, *Intersubjectivité. Une conception interactionnelle du psychisme*, 2024.

Jérôme Gagey

Litiges, conflictualité et limites de la médiation

Approche juridico-clinique du contentieux judiciaire

L'Harmattan

Du même auteur :

Traduction en français de l'ouvrage du Pr. Neil MacCormick « *Legal reasoning and legal theory* » (Oxford University Press), publiée aux Presses Universitaires de France (P.U.F) sous le titre « *Raisonnement juridique et Théorie du droit* », en 1995.

« *Litiges et conflictualité : Approche juridico-clinique en droit de la famille* ». Revue DALLOZ *: « Actualité Juridique Famille » – Novembre 2020*

« *Quelle place pour la conflictualité dans le contentieux ? : Entre rejet légitime et nécessaire prise en compte* ». Revue DALLOZ *: « Actualité Juridique Famille » – Juillet-Août 2021*

5-7, rue de l'École-Polytechnique - 75005 Paris
www.editions-harmattan.fr

ISBN : 978-2-336-50667-8
EAN : 9782336506678

« *Dans partage, il y a part, à savoir ce qui nous sépare : ma part n'est pas votre part ; mais le partage c'est aussi ce qui nous fait partager, c'est-à-dire, au sens fort du mot : prendre part à... J'estime donc que l'acte de juger a pour horizon un équilibre fragile entre les deux composantes du partage : ce qui départage ma part de la vôtre et ce qui, d'autre part, fait que chacun de nous prend part à la société* ».

Paul RICOEUR[1].

[1] 'L'acte de juger' : intervention prononcée dans le cadre de l'Institut des hautes études pour la justice (IHEJ) publiée dans Esprit, juillet 1992.

SOMMAIRE

INTRODUCTION

Le contentieux judiciaire implique toujours la mise en scène d'un rapport de force et la confrontation d'antagonismes parfois violents qui emportent dans leur sillage tout un fatras de considérations psycho-affectives et qui suscitent la désapprobation de nos contemporains pour des raisons d'ordre moral ou d'efficacité qu'il convient ici d'interroger.

Ces contentieux mettent généralement aux prises des particuliers pris en leur qualité de salarié, conjoint, cohéritier, entrepreneur individuel ou dirigeant de société pour qui les enjeux du litige sont vécus, à tort ou à raison, comme considérables, à fort retentissement personnel et propres à faire émerger chez eux une conflictualité insoupçonnée parfois décalée par rapport à la valeur apparente du litige.

Devant cette réalité du conflit, la réaction serait de tout mettre en œuvre pour faire échapper ces justiciables potentiels au rapport de force et à la confrontation judiciaire de leurs antagonismes bien souvent assimilés, à tort, à un pur affrontement ou à une 'guerre totale'.

Dans ce contexte, l'on promeut aujourd'hui, dans un effort remarquable, le développement des modes alternatifs de résolution des différends (MARD), qu'il s'agisse d'arbitrage ad hoc ou institutionnel, de médiation, de procédure collaborative, de conciliation comme en matière prud'homale…, autant de démarches qui s'ajoutent aux efforts accomplis en amont par les avocats pour créer les conditions propres à la conclusion d'accords transactionnels et à la résolution de litiges en dehors de l'orbite judiciaire.

Mais une faveur particulière est donnée à la médiation qui répond au mouvement de « *déjudiciarisation des litiges* » initiée par l'institution judiciaire et motivée par des considérations budgétaires pour tenter de décharger les juridictions de l'ordre judiciaire d'un certain nombre de contentieux, en déléguant notamment à des médiateurs la mission de régler certains litiges ou en organisant des procédures sans juges[2] ou encore en limitant strictement les interventions judiciaires.

Cette politique d'économie budgétaire est, dans le même moment, largement appuyée par cette propension palpable au rejet du conflit et au refoulement de la conflictualité associée, pour des raisons prétendument morales ou éthiques.

Cette tentation de rejet du conflit et de la conflictualité se traduit par des encouragements appuyés aux justiciables pour qu'ils consentent à rentrer dans ces modes amiables de résolution des litiges jugés plus doux et inoffensifs, comme pour étouffer dans l'œuf le contentieux naissant, postulant qu'il est dans l'intérêt bien compté des protagonistes d'éviter les affres d'une procédure judiciaire jugée unanimement douloureuse, longue et à l'issue incertaine.

Ces deux types de considération que sont les économies budgétaires et cette tentation d'épargner au justiciable le rapport de force judiciaire et la conflictualité qu'il implique, non seulement discréditent indirectement le contentieux judiciaire, mais portent également le risque de dévoyer le principe et l'originalité de la médiation et des autres modes alternatifs de résolution des différends (MARD).

---

[2] Le meilleur exemple, tout récent, étant la possibilité ouverte par la loi d'un divorce sans aucune intervention judiciaire et se concluant par un simple dépôt de la convention de divorce contresignée par les avocats et déposée chez un notaire, ainsi que la loi le permet depuis le 1er janvier 2017, qui procède du mouvement de déjudiciarisation motivé, notamment, par des considérations budgétaires.

Elles révèlent également une méconnaissance de l'utilité, de l'efficacité et de la pertinence du contentieux judiciaire institué comme mode classique de résolution des litiges, de ses effets notamment cliniques et 'cathartiques' et de tout ce que sa mise en œuvre implique et signifie et pour les justiciables et pour le corps social.

Et l'arbitrage entre l'engagement d'un contentieux judiciaire qui semble s'imposer et le recours éventuel à un mode alternatif amiable de résolution du litige, devrait idéalement s'opérer, selon nous, dans le cadre d'une approche juridico-clinique des litiges c'est-à-dire connaissance prise du niveau de conflictualité des protagonistes.

Ces deux perspectives (judiciaire ou amiable), qui sont les deux faces d'une même pièce, ne sauraient être exclusives l'une de l'autre.

Ainsi, un accord amiable, comme souvent, est susceptible de mettre un terme au contentieux engagé (à l'inverse, des discussions amiables peuvent être rompues par l'engagement d'un contentieux), ou encore, contentieux et tentatives amiables peuvent se poursuivre concomitamment. Tout cela est le quotidien des avocats dont la mission est précisément de contribuer à régler les litiges de leurs clients en se situant précisément à l'interface de ces deux perspectives.

Il leur revient donc d'impulser cette fine dialectique consistant à naviguer entre assomption du rapport de force juridique propre au contentieux judiciaire et tentatives d'instaurer une nouvelle relation à cet autre-adversaire en recourant au mode amiable de résolution du litige le plus adapté.

Afin de tenter de clarifier ces questions, il importe avant toute chose de préciser les concepts de litige d'une part et de conflictualité d'autre part ainsi que leur articulation l'un à l'autre, puis de définir les contours d'une approche juridico-clinique des litiges à même de répondre au mieux à ce nécessaire arbitrage entre contentieux judiciaire et modes amiables.

CHAPITRE 1

LITIGE ET CONFLIT

Pour reprendre le distinguo de Béatrice GORCHS[3] entre litige et conflit, le litige vise le différend d'ordre juridique, c'est à dire formellement qualifié en droit ou « juridicisé », et dont la résolution est censée s'opérer via les règles de droit positif.

Quant au conflit, il est le différend pris dans sa globalité c'est-à-dire dans sa dimension non-juridique qui, pour reprendre sa formulation « *referme un conflit plus profond à dimension psychologique, émotionnelle, sociale ou économique* ».

Le litige se définit donc comme une opposition d'intérêts comprise dans une perspective juridico-judiciaire et désigne un antagonisme d'ordre juridique portant sur des enjeux supposément objectifs et bien circonscrits : 'je suis pris dans un litige', 'il y a un point litigieux qui doit être tranché'... Le litige serait en quelque sorte extérieur au litigant.

Pas vraiment question de sentiments ou d'excès affectifs dans cette perspective, le point litigieux est réputé objectivement discutable parce que s'inscrivant dans le cadre bien identifié du système juridique.

C'est bien dans cette perspective que travaillent juges et avocats dont l'activité, dédiée au règlement des litiges, consiste dans la fabrication de syllogismes tirés du droit positif et dans l'établissement de connexions entre des situations de fait litigieuses et les règles de droit.

---

[3] RTD Civ. 2003 p. 409 La médiation dans le procès civil : sens et contre sens « Essai de mise en perspective du conflit et du litige ». Béatrice Gorchs.

Mais en pratique, nul n'ignore que le récit parfois très subjectif que les justiciables veulent bien donner de leurs histoires litigieuses a tôt fait de transmuter le litige en conflit.

Et voilà les professionnels du contentieux plongés, malgré eux, dans cette dimension historico-clinique du litige qui les oblige à l'appréhender dans une perspective beaucoup plus large touchant à ses conditions d'émergence, à sa dimension conflictuelle et à ces aspects psychologiques propres aux relations interindividuelles : « *j'ai un conflit avec quelqu'un* » ou « *je suis en conflit avec telle ou telle personne* » impliquant affects et conflictualité.

Cette dissociation des deux concepts aussi élémentaire qu'elle puisse paraitre, a l'immense mérite de porter la réflexion sur ce en quoi peut consister l'objet d'un litige et ses enjeux, question essentielle sans réponse évidente tant sont enchevêtrés l'objet technique du différend juridique et tous ces enjeux sous-jacents qui font de lui un conflit.

Le litige technique, malgré le cadre juridique serré qui le circonscrit, se laisse donc vite envahir, voire déborder par la dimension conflictuelle ; revient alors à l'avocat la tâche délicate d'y mettre bon ordre et de trouver la bonne articulation entre ces deux dimensions en laissant s'évoquer par exemple, selon le bon dosage, cette conflictualité à vif, pour faire ressortir l'injustice éprouvée tout en assumant les limites du système.

Reste à préciser ce qu'il convient d'entendre par « conflit » ou par ces « dimensions extra-juridiques » qui lui sont propres, pour en appréhender l'étendue et pour mieux le dissocier de ce en quoi consiste le litige.

Pour caractériser le conflit, Béatrice GORCHS se borne à évoquer ces faits de nature « *psychologique, émotionnelle, sociale ou économique* » et les qualifie tout simplement de « *non juridiques* », pour la raison sans doute qu'ils ne rentrent pas dans l'équation juridique du texte de loi applicable.

En effet, lorsqu'un texte de loi impose les conditions a priori de son opérativité (ou « faits opératoires »), toute autre considération qu'elle soit d'ordre *« psychologique, émotionnelle, sociale ou économique* » est, par principe et pour les besoins du syllogisme, inopérante.

Mais nul n'ignore que ces 'considérations autres', aussi inopérantes soient-elles, n'empêchent pas les avocats de les évoquer ici ou là, dans leurs écritures ou plaidoiries afin précisément d'élargir le spectre du litige et de le faire advenir, sur la scène du contentieux, à sa 'vraie' dimension conflictuelle.

En procédant de la sorte, les avocats ne méconnaissent pas les contraintes du syllogisme et du raisonnement juridique, mais introduisent subrepticement cette dimension historico-clinique du conflit dans leurs écritures et plaidoiries, dimension que les juges, à leur tour, ne pourront ignorer et dont ils pourront, le cas échéant, tenir compte lors de leur délibération et dans leur jugement.

Se pose néanmoins la question de savoir pourquoi et comment faire rentrer, dans le cadre circonscrit d'un litige par définition juridique, ces considérations à proprement parler conflictuelles du litige alors que l'on est rationnellement censé convenir qu'elles sont dépourvues d'effet juridique direct sur l'issue du litige ?

Parce que la complexité des raisonnements ne peut jamais exclure que de telles considérations aient une incidence pratique sur la décision à intervenir, notamment parce que les faits opératoires de la règle de droit et les faits de l'espèce sont bien souvent susceptibles de plusieurs interprétations qui peuvent s'étendre à ces considérations 'extra-légales'.

Enfin et surtout pour la raison que les parties « en conflit » peuvent y voir l'opportunité personnellement satisfaisante de mettre au jour leur conflictualité sous-jacente faite de ressentiments liés à des évènements passés non métabolisés, et de nimber d'affects leur litige pourtant juridiquement cadré et circonscrit par leur avocat...[4]

Et le litige juridique de devenir pour les parties occasion de *conflictualiser* leur différend en s'autorisant, d'office à évoquer ces autres considérations qui ne figurent pas officiellement au nombre des faits opératoires de la règle invoquée.

Mais avant de préciser ce qu'implique cette notion de conflictualité quelques réflexions quant à l'origine exogène ou endogène des conflits s'imposent.

Conflit interne et conflit externe

Le contentieux judiciaire met aux prises deux personnes physiques ou morales prêtes à en découdre devant un organe juridictionnel. Il est manifestation d'un antagonisme entre deux altérités, par définition étrangères l'une à l'autre.

Ce conflit « externe » ou « intersubjectif » qui a pour effet de confronter deux personnes en opposition sur l'imputabilité d'une responsabilité, peut être audacieusement rapprochée du conflit « *interne* » ou « *intrapsychique* », objet de toutes les attentions de la part de la psychologie clinique, qui met aux prises l'individu avec lui-même et vise, elle, l'hypothèse où : « *dans un sujet,*

---

[4] A cet égard, les violences verbales dans les prétoires sont à comprendre comme des irruptions du 'conflit' dans le litige, c'est-à-dire de la dimension historico-clinique du litige relayée, parfois, par des avocats trop zélés, faute pour leurs clients de trouver les voies et moyens de transformer, contourner ou liquider autrement cette conflictualité qui les agite.

s'opposent des exigences internes contraires » [5] occasionnant de la souffrance psychique.

Le conflit « externe » se résout par l'intervention décisive d'une instance juridictionnelle tierce qui départage les protagonistes et tranche le litige, objectivement, c'est du moins la version officielle[6], en recourant au droit positif censé produire mécaniquement et transitivement ses effets, via l'application des règles juridiques.

Le conflit « interne » se liquide hypothétiquement après mis au jour de la dynamique psychique dont il s'origine, par une interrogation du sujet sur lui-même et l'obligation corrélativement ressentie de remanier son rapport aux autres et à soi, ce qui implique, de la part du sujet concerné, rien de moins qu'un processus d'intériorisation du conflit.

Dans ce dernier cas, le conflit n'est plus rapport de force pur avec un autre-adversaire, mais vulnérabilité consentie où le sujet, qui n'est pas « partie à un contentieux », consent à un remaniement intérieur et à une mobilisation de ses capacités élaboratives pour déplacer les virtualités du rapport de force juridique sur le terrain du conflit interne.

Par cette capacité à prendre sur lui, le protagoniste cesse d'être un simple justiciable dont la vie sociale serait bornée par le seul jeu mécanique des règles de droit positif, pour devenir une personne en capacité de se « représenter » l'injustice sociale dont il prétend être victime, peut-être à raison et d'en modifier possiblement la perception et de passer outre.

Au lieu de ne voir dans le conflit qu'agression « externe » et motif de réparation devant les juridictions judiciaires, il devine une possible difficulté « interne » une conflictualité qui le dépasse et y voit motif de changement à son initiative…

---

[5] Laplanche et Pontalis (1967)

[6] « *Res judicata pro veritate habetur* »

Le paradigme change ; la perspective n'est plus la même.

Le rapprochement de ces deux types de conflits, pour saugrenu qu'il puisse paraitre à première vue, s'agissant de conflits a priori sans rapport l'un avec l'autre, ouvre cependant toute une perspective et toute une réflexion sur la genèse des conflits en général et, entre autres, sur le choix des voies et moyens de leur résolution/liquidation.

L'avocat peut, théoriquement s'entend, se précipiter au chevet de son client qui subit une agression postulée extérieure à lui, pour exiger réparation intégrale du préjudice prétendument subi devant une instance juridictionnelle tierce.

Il peut également tenter, ce qui n'est pas imaginable, de le renvoyer à lui-même et accessoirement à son « psy », avec l'idée de susciter chez lui une intériorisation du conflit naissant et des élaborations propres à liquider l'objet de conflit et la conflictualité associée, préjugeant d'une genèse intrapsychique du conflit et donc des conditions de sa liquidation.

Cette alternative théorique pose la difficile question de savoir si le conflit invoqué se racine vraiment dans un objet litigieux réel et objectivable (« exogène ») ou dans une conflictualité propre au justiciable (« endogène »).

Dans le premier cas, sa résolution relèverait d'une instance étatique externe et dans le second du *for* interne, c'est-à-dire de l'intériorité.

Cette problématique complexe sur la part (ou non) qui serait la sienne dans la genèse du litige est à l'évidence rarement clarifiée chez le justiciable pour la raison qu'en pratique il lui est très difficile, voire impossible, de démêler les causes exogènes ou endogènes de son conflit/litige, tant elles sont inextricablement liées.

La plupart du temps, il réagit sous l'effet de la nécessité et décide de saisir une instance juridictionnelle s'il juge avoir principalement subi une agression provenant essentiellement de l'extérieur. Aussi bien il choisit la voie de l'intériorisation du rapport de force et de la vulnérabilité consentie s'il comprend et assume avoir une large part dans la genèse du litige.

Pas d'évidence donc sur l'origine endogène ou exogène du conflit, mais la problématique mérite d'être posée.

CHAPITRE 2

CONFLICTUALITE

Cette dynamique conflictuelle à l'œuvre chez le justiciable importe pour le professionnel du contentieux, non en tant que problématique qu'il lui incomberait de traiter, puisque ce n'est évidemment pas sa mission, mais en tant que point de résistance à prendre formellement en considération dans l'équation qui est la sienne, pour mieux le contourner et résoudre le litige s'il s'avère irréductible, et ce quand bien même il n'aurait pas d'incidence logique directe et évidente sur l'issue du litige.

Les contentieux judiciaires les plus courants des personnes physiques portent sur des objets litigieux à haute teneur psychoaffective qui affectent à ce point la sphère intime des litigants qu'il est vain pour le praticien de vouloir péremptoirement écarter les significations morales et psycho-affectives qu'ils sont susceptibles d'impliquer pour eux et d'ignorer la conflictualité qui y est possiblement associée.

C'est le cas notamment des contentieux de la rupture (du lien conjugal, de la relation de travail ou des partenariats commerciaux, etc.) ou des partages d'indivisions successorales.

Bien souvent ces contentieux, au-delà de leur présentation juridicisée qu'impose le système judiciaire, s'originent dans une conflictualité propre aux protagonistes, c'est à dire dans des conflits internes latents, sans rapport direct évident avec l'objet officiel et manifeste du litige.

Ainsi, un litige à faible valeur litigieuse qui aurait dû trouver, d'emblée, sa résolution dans un règlement amiable, peut être malheureusement l'occasion de réveiller chez l'un des protagonistes une conflictualité latente toute prête à s'y lover, avec le risque de s'y trouver bien et de ne plus vouloir s'en décrocher.

1 - Conflit interne et conflictualité

Dire d'un litige qu'il est « conflictuel » ou faire le constat d'une certaine conflictualité[7] tend à signaler, dans une perspective à proprement parler psychologique, qu'existe un conflit interne ou intrapsychique mettant aux prises un sujet avec lui-même ou au sein duquel : « *s'opposent des exigences internes contraires* [8] ».

C'est bien dans ces matières litigieuses sensibles à haute valeur psycho-affective, comme le contentieux familial, prud'homal ou successoral, que l'on observe régulièrement une conflictualité latente toujours prompte à se réveiller.

La notion de conflictualité renverrait ainsi à une dynamique psychique sous-jacente propre au justiciable qui œuvrerait précisément à transmuter le litige en conflit.

Appliqué au contentieux judiciaire, il y aurait, au-delà de l'objet visible et objectivé du litige, une conflictualité intrinsèque à la constitution du psychisme, c'est-à-dire une dynamique sous-jacente à l'œuvre chez certains justiciables signalant un 'conflit interne à eux' dépassant le cadre officiel d'intervention des avocats et des juges, mais impossible à ignorer, et qui viendrait comme affecter le litige d'un coefficient d'intensité pesant sur la perception que les parties peuvent en avoir et affecter leur jugement au point de les empêcher d'accéder à une représentation ajustée et objectivée des enjeux litigieux, possiblement débarrassée d'affects inélaborés.

---

[7] Qui se définit communément comme le « *Caractère d'une situation conflictuelle* ». *Larousse.*

[8] Laplanche et Pontalis (1967)

Ainsi, les litigants, par des prédispositions propres à eux, donnent à leur litige une tonalité conflictuelle qui le change de nature et le transmute en conflit.

De manière plus imagée, le litige juridique qui survient, par l'antagonisme qu'il suscite dans son sillage, viendrait en quelque sorte réveiller une conflictualité latente qui serait un produit hautement inflammable s'originant dans un conflit interne, intrapsychique, propre à l'une des parties (ou aux deux) et sur laquelle les professionnels du contentieux n'ont pas de prise ou si peu.

Nous nous trouvons ici ainsi aux confins du paradigme du 'litige juridique' tel que compris et circonscrit par le système juridique et celui du 'conflit intrapsychique'.

Et les possibles points de passage et de contact entre litige (juridique par principe) et conflit interne sont rendus visibles par le fait de cette dynamique sous-jacente qui, régulièrement, vient enflammer et *conflictualiser* le litige.

La qualification des différends comme étant tantôt « litigieux » ou tantôt « conflictuel » serait ainsi fonction de cette dynamique psychique qu'est la conflictualité.

L'effort de singularisation de ces deux paradigmes et la scrutation de leurs possibles interactions rendent compte de la dynamique contentieuse à l'œuvre dans les processus de résolution des différends et pourraient bien rendre cette dernière quelque peu plus intelligible.

Illustration la plus flagrante : les 'litiges' post-divorce sur le montant de la pension alimentaire des enfants ou sur leur changement de lieu de résidence, s'avèrent, très régulièrement, interagir avec le 'conflit' persistant du divorce, particulièrement lorsque la question des torts entre époux n'a pas été tranchée judiciairement, ou liquidée intérieurement, lors de la séparation.

Et l'éventuelle poche de conflictualité qui perdure s'invitera d'elle-même dans ce nouveau litige post-divorce pour le *conflictualiser* et l'envahir de considérations psychoaffectives sans rapport direct avec la question posée de la fixation du montant des pensions ou du lieu de résidence des enfants.

Ainsi, le conflit sous-jacent non liquidé sur les torts du divorce et toutes les réminiscences conflictuelles qu'il véhicule dans son sillage, fait régulièrement obstruction à la résolution amiable de litiges post-divorce auquel il a partie lié sinon directement du moins historiquement.

Il y a bien ici interaction agissante entre conflit sous-jacent et litige.

Impossible dans ces conditions d'ignorer la dimension conflictuelle du litige.

2 - La portée du concept de conflictualité

L'attention ici portée au concept de conflictualité, entendu dans sa signification clinique, oblige le professionnel du contentieux à élargir la représentation qu'il a du litige et à rentrer dans une certaine intelligence de la dynamique du conflit dont on comprend qu'elle ne répond ni à une logique d'efficacité ni à la rationalité juridique ou morale.

Plus prosaïquement, la conflictualité du litigant poursuit la voie de la décharge des tensions conflictuelles et ce dernier, dans une demi-conscience, ne chercherait pas vraiment à agir 'rationnellement' ou 'efficacement' pour se débarrasser du litige, mais ambitionnerait plutôt de faire vivre le conflit et ce quand bien même les données objectives du litige justifieraient d'en finir à bon compte et rapidement.

L'irruption du conflit dans le litige serait donc vécue comme une occasion de décharge de la conflictualité, la résolution du litige important peu et sa non-résolution pouvant apparaitre comme bien plus motivante.

Si tant est qu'elle se laisse saisir, la conflictualité n'est pas en tant que tel un objet d'étude et d'exploration, et à l'envisager, une telle étude se situerait de toute façon hors le champ de la mission sinon de la compétence des juges ou des avocats, seraient-ils résolus à se laisser saisir par cette dimension historico-clinique du conflit.

Cependant, rester attentif à l'éventuelle conflictualité latente d'un litige, contraint le professionnel à l'appréhender comme un symptôme susceptible de porter les traces plus ou moins vivaces d'un conflit sous-jacent et l'oblige à garder à l'esprit qu'un éventuel règlement amiable ne résultera jamais de l'évidence a priori des arguments juridiques ou de la rigueur des raisonnements syllogistiques, ou encore de leurs effets directs et transitifs allégués, mais plus sûrement d'une novation chez le justiciable de la perception qu'il a du conflit sous-jacent, cette novation s'entendant d'un changement qualitatif imprévisible.

N'est nullement question ici d'ignorer ou minorer les aspects juridico-techniques indispensables à la résolution des litiges entendus au sens strict, mais seulement d'observer que la conflictualité peut constituer et constitue de fait très régulièrement le point d'achoppement des raisonnements juridiques ou judiciaires.

Celle-ci signale la limite d'opérativité de la mécanique syllogistique du droit positif et de la jurisprudence dans la résolution des conflits.[9]

---

[9] Cette limite humaine s'ajoute à la limite technique puisque, malgré tous les efforts de rationalisation de la communauté judiciaire, le système juridique laisse subsister d'importantes marges d'imprécision et d'incertitude quant à l'application du droit positif et de la jurisprudence aux situations litigieuses.

Difficile, dans ces conditions, de s'épargner une réflexion sur la conflictualité qui couve dans les litiges, sauf à se maintenir dans l'illusion que ceux-ci ne sauraient être envisagés autrement que dans leur forme juridicisée, abstraction faite de leur dynamique conflictuelle latente.

Mais une telle posture abstraite se heurtera immanquablement à la réalité pratique et quotidienne du contentieux qui, chaque jour, apporte son lot d'exemples démontrant, s'il en est encore besoin, que, sans cesse et toujours, la conflictualité rode aux alentours du litige, vient le provoquer, le déborder et tenter de le nimber de ses affects…

Rester attentif aux mouvements de cette conflictualité qui fait vivre, entretient le litige et freine sa résolution, permet de mieux réfléchir aux voies et moyens de la contourner ou de compromettre avec elle et partant de résoudre, croyons-nous, plus efficacement les questions à proprement parler litigieuses.

3 - Quand litige et conflictualité sont décorrélés

En pratique, cette dynamique psychique conflictuelle est palpable lorsque les professionnels du contentieux, à l'ouverture d'un dossier, découvrent aux marges du litige, ce rapport de force conflictuel dont les enjeux s'avèrent décorrélés de l'objet litigieux.

Peut s'observer en effet une distorsion manifeste entre l'idée qu'un tiers pourrait se faire d'un litige à l'enjeu manifestement modeste et une conflictualité surgie de nulle part, que le litige a réveillé chez l'un des protagonistes et qui vient prendre à revers les professionnels du contentieux.

Ces derniers se trouvent alors soudainement plongés, malgré eux, au cœur d'un contentieux qui s'annonce difficile, né pour durer au-delà du raisonnable, par le seul fait d'une dynamique psychique plus ou moins inconsciente agissant souterrainement pour alimenter le feu du litige et faire obstruction à son règlement, du moins pour un temps.

Les professionnels les plus expérimentés font régulièrement l'aveu indirect de leur impuissance à venir à bout d'une telle conflictualité, considérant non sans raison que son traitement ne relève pas de leur champ d'intervention, sauf à tenter, ici ou là, pragmatiquement, de la contourner ou d'en circonscrire les effets quand l'occasion le permet.

4 - Conflictualité sans lien direct avec l'objet du litige

On peut cependant distinguer deux types de cas. Celui dont la conflictualité sous-jacente et disproportionnée par rapport à l'objet du litige a néanmoins partie liée à celui-ci : c'est le cas des litiges post-divorce sur lesquels le conflit latent et non liquidé des torts du divorce vient systématiquement jeter son ombre.

L'autre type de cas est celui d'une conflictualité latente chez l'un des protagonistes aucunement reliée à l'objet du litige ni davantage à la personne de son adversaire. Alors de quoi parle-t-on ?

En telle hypothèse d'une conflictualité apparemment gratuite et sortie de nulle part, toute approche juridico-clinique de l'avocat, tout effort de gestion de la conflictualité et toute offre de service en vue d'une résolution amiable est non seulement vouée à l'échec, malgré la meilleure volonté des intervenants mais risque même de s'avérer contreproductif et retarder l'engagement d'un contentieux judiciaire qui s'impose et s'annonce difficile.

L'absence de corrélation entre l'objet du litige et les motifs de conflit interne propre à l'une des parties, ne présage en effet rien de bon dès lors qu'il ferme la voie à toute élaboration sur ce conflit interne par hypothèse totalement étranger aux données du litige et donc sans incidence sur sa résolution. Une telle configuration commande sans tarder un recours à justice.

Rien n'empêcherait cependant les professionnels du contentieux de se risquer à approcher les raisons de cette conflictualité, mais alors ils savent s'aventurer hors du cadre strictement entendu de leur compétence, pour investir un champ situé aux confins de la psychologie et du droit, où l'efficacité et la pertinence de leur intervention s'annoncent très incertaines.

5 - Le quérulent

Pour traduire cette idée de conflictualité psychique non liée, le langage commun parle de « *chercher querelle* », expression qui présuppose la volonté ou le besoin irrépressible d'un individu de se chercher un adversaire ou un objet de conflit comme un os à ronger, alors qu'en fait d'adversaire ou d'objet litigieux, il n'y a pas.

L'on parle également, en psychologie, de quérulence, soit la tendance pathologique d'une personne dite « *quérulente* » à se plaindre en permanence de préjudices soi-disant subis et à en réclamer systématiquement réparation.

Ces expressions illustrent ce qu'il en est de la conflictualité comme prédisposition psychique d'un sujet à vouloir se mettre en situation de conflit ou à se rechercher toute occasion de conflit, fut-t-elle dérisoire, pour, en quelque sorte, amarrer cette « *conflictualité* » qui le taraude à tel adversaire désigné ou à tel objet litigieux et trouver là l'occasion de se libérer, fut-ce provisoirement, de ces tensions internes qui l'assaillent.

C'est un peu comme si le sujet taraudé par la conflictualité s'écriait : « *trouvez-moi un objet de conflit que je puisse m'y investir et décharger les tensions qui me traversent* », peu important la facticité de l'objet en litige, celui-là poursuivant coûte que coûte la voie de la décharge de ses tensions internes.

CHAPITRE 3

APPROCHE JURIDICO-CLINIQUE

1 - Spécificité : priorité aux faits et à la dimension conflictuelle

Chacun sait, comme rappelé précédemment, que les litiges sont rarement ‘purement juridiques’ mais bien souvent inextricablement mêlés à des considérations étrangères au droit (historiques, économiques, morales, psychologiques, financières, sociales, etc.), ce dernier venant dans l’après-coup faire office de moyen formel de défense au service d’un intérêt personnel traversé de toutes ces considérations.

C’est donc dans le cadre élargi d’une approche « *juridico-clinique* » du litige/conflit que celui-ci peut se résoudre/liquider au mieux, c’est-à-dire dans le cadre d’une approche assumant de se laisser saisir par la dimension conflictuelle du litige et ses significations latentes en les incluant dans la dynamique résolutive du litige.

Le propre de cette démarche est d’élargir le spectre du litige et de donner priorité appuyée au récit de l’histoire contentieuse tel que rapportée par le justiciable.

Dit autrement, le parcours opératoire du professionnel du contentieux doit se définir comme une opération de connexion entre deux univers, l’univers subjectif du justiciable qui allègue une injustice d’un côté et l’univers objectif de la règle de droit censé y apporter une réponse adéquate.

Et dans ce cadre, la démarche juridico-clinique tend à se fixer comme préalable de se porter, d’abord, du côté de l’univers subjectif du client pour clarifier autant que possible les enjeux personnels qu'implique le conflit aux prises duquel il se trouve ainsi que ses priorités, au risque, à défaut, de manquer de percevoir ses attentes et de créer les meilleures conditions de leur élaboration.

Elle se doit de scruter les données factuelles et historiques du litige, se focaliser sur la personne du justiciable et mettre à jour la possible conflictualité sous-jacente qui le taraude.

C'est dans ce contexte d'écoute, sans recours précipité à l'outil juridique, que le récit par le justiciable de son histoire contentieuse laissera peut-être s'énoncer le conflit latent et la conflictualité associée.

2 - Le temps long de l'entretien juridico-clinique

C'est une banalité de rappeler combien il est indispensable de consacrer tout le temps nécessaire à l'écoute des justiciables aux prises avec des conflits qui parfois les torturent, de les recevoir durablement notamment lors de ce premier entretien juridico-clinique au cours duquel doit s'élaborer critiquement, de concert avec son avocat, l'histoire litigieuse et la pertinence éventuelle d'un contentieux ou de tel mode amiable de résolution du litige.

Ni l'avocat, ni le client ne doivent se soustraire à ce temps long de l'entretien juridico-clinique, condition nécessaire, pour le premier, d'un approfondissement critique de la situation à laquelle il est confronté, en présence du tiers-avocat qu'il a choisi et permettre pour ce dernier, de comprendre ce qui se trame sur le fond des enjeux du litige.

3 - Compatibilité de l'approche juridico-clinique et du raisonnement juridique

Nul doute que cette approche juridico-clinique (et son insistance sur l'aspect factuel) a toute sa place dans le parcours opératoire du professionnel du droit et est parfaitement compatible avec la logique du raisonnement juridique qui consiste précisément à rapprocher les faits opératoires de la règle de droit applicable des faits de l'espèce pour déterminer l'applicabilité (ou non) de ladite règle de droit.

Elle ne bouscule en rien le syllogisme juridique qui se présente en termes logiques sous la forme : « *si p donc q, or p' donc q* » (p' désignant les faits de l'espèce devant être rapprochés de p désignant les faits opératoires de la règle de droit).[10]

Ainsi, la scrutation de l'histoire litigieuse, de la chronologie des faits de l'espèce et de l'éventuel conflit sous-jacent qui peut s'en extraire, c'est-à-dire l'intérêt porté à la situation de fait litigieuse dans toutes ses dimensions hypothétiquement conflictuelles, font tout banalement partie intégrante du parcours opératoire et intellectuel du professionnel du contentieux judiciaire.

Au point de vue strict de la logique juridique, ce souci de la réalité des faits est tout aussi légitime et essentiel que la recherche et l'analyse technique des règles de droit applicables, les opérations de qualification des faits d'un côté et d'interprétation des règles de droit de l'autre étant deux opérations logiquement équivalentes[11].

Et cette vérité valide pleinement une démarche juridico-clinique qui voudrait insister sur la scrutation des faits litigieux, la genèse du litige, l'enchainement des

---

[10] *Raisonnement juridique et théorie du droit*. PUF. Neil McCormick.

[11] Ibid.

évènements, l'éventuel conflit sous-jacent, etc., pour autant évidemment que la connaissance de ces données de fait contribue, directement ou indirectement, à la dynamique résolutive du conflit.

A noter en outre que l'examen de la situation de fait litigieuse se situe toujours un instant de raison avant tout effort de qualification juridique, du moins par principe[12], ce qui rend plus encore légitime la priorité donnée à la connaissance des faits de l'espèce, du contexte litigieux et de l'éventuel conflit latent.

4 - Pas de recours précipité à l'outil juridique

D'une certaine façon, l'approche juridico-clinique suppose de consentir à négliger, l'espace d'un instant, le droit et les règles de procédure pour se porter au plus près des intérêts du justiciable.

En pratique en effet, l'effort d'écoute et de compréhension d'une histoire impose de ne pas précipiter la collecte de données techniques du droit, mais de se laisser saisir avant tout par l'histoire subjective du justiciable et de scruter l'enchainement des faits qui justifierait, selon lui, un tel recours.

Premier exemple pour illustrer l'importance de la démarche, évoquons le cas d'une cliente venue se plaindre que son précédent avocat, en charge de l'accompagner dans la séparation d'avec son époux, était sur le point d'engager pour son compte une procédure de divorce que, pour sa part, elle ne souhaitait pas engager.

Au-delà de l'erreur (apparente) de ce premier avocat qui croyait, à tort, devoir engager une procédure de divorce, il fallait comprendre, après un long échange, que la cliente,

---

[12] En pratique, on peut dire que la recherche des faits est concomitante à la recherche juridique dans la mesure où la première est guidée par la seconde et vice versa.

lucide sur l'inéluctabilité de la séparation d'avec son époux, avait en fait pour seul souci de ne pas apparaitre comme à l'origine du divorce, souci très généralement partagé par les justiciables.

Ainsi, sa vision du monde, la représentation qu'elle se faisait de l'histoire litigieuse de son couple était que son époux était, au fond, le seul véritable responsable de la séparation, que c'était lui qui, par son attitude, avait rendu intolérable la poursuite de la vie conjugale et qu'apparaitre, elle, comme demanderesse au divorce était, à ses yeux, inadéquat, injuste et propre à faire le jeu de son époux, à mépriser ses souffrances et renier son positionnement 'existentiel' sur le « *pourquoi on en est arrivé là* ».

L'enjeu capital était donc, pour elle, qu'il soit bien compris et entendu par ses enfants, sa famille et son entourage..., que c'était son époux qui, par son attitude passée, avait, *volens nolens*, provoqué la fin de la vie conjugale et familiale, et non pas lui...

Ainsi, à la suivre dans son récit, si son premier avocat, dont la compétence technique n'était nullement en cause, avait pris le soin de l'interroger sur la représentation qu'elle avait de l'histoire contentieuse et des causes de sa survenance ainsi que sur le sens qu'elle entendait donner à la séparation, il n'aurait sans doute pas manqué d'apercevoir combien il importait, pour cette cliente, de ne pas apparaitre comme l'initiatrice du divorce, la séparation fût-elle inéluctable.

En supposant que la cliente se soit prêtée au jeu d'un entretien juridico-clinique, ce qui n'est jamais acquis, l'avocat eut pu créer les conditions d'une réflexion critique sur ce souci exprimé par elle « *de ne pas apparaitre comme à l'origine du divorce* » et donc susciter chez elle une interrogation quant à la pertinence de cette préoccupation ressentie comme essentielle.

C'était au fond tout l'enjeu du litige qui n'impliquait ni recherche juridique particulière, ni connaissance de règles de fond, mais une compréhension élargie du litige/conflit, présupposant néanmoins de la part du justiciable de jouer le jeu de telles interrogations critiques, ce qui n'est jamais garanti mais toujours à envisager.

La cliente renoncera donc à engager la procédure de divorce et parviendra d'une certaine manière à contraindre son mari à en prendre l'initiative.

Un second exemple peut être donné d'une jeune-femme venue au cabinet pour faire appel d'un jugement de divorce l'ayant débouté de sa demande de prestation compensatoire au motif qu'elle n'aurait pas prouvé les sacrifices qu'elle considérait avoir faits pour élever ses trois enfants, ce qui, à en juger par le niveau scolaire et universitaire de ceux-ci ainsi qu'aux intérêts développés par eux sur le plan artistique ou associatif, n'était pas acceptable.

Après examen critique, toujours facile dans l'après-coup, de la stratégie suivie par son avocat, il s'est avéré que celui-ci avait focalisé la présentation du dossier sur la question financière et l'évocation détaillée des patrimoines des parties qui étaient considérables et négligé très largement la production de preuves quant à l'investissement maternel dans l'éducation des trois enfants, laissant accréditer que c'était là l'essentiel de la défense des intérêts de sa cliente.

De la sorte était délaissée la question relative à l'investissement maternel consacré aux enfants et à tout ce temps passé à leur éducation et à leur culture, question prioritaire jugée plus essentielle par la cliente et apparemment méconnue ou totalement sous-estimée par son précédent conseil.

En d'autres termes, si la cliente a souhaité saisir la Cour ce n'était pas tant pour obtenir des dommages-intérêts compensatoires que pour qu'il soit dit et jugé qu'elle avait consacré tout son temps à l'éducation de ses enfants et fait des sacrifices professionnels.

De tels exemples peuvent être multipliés et montrent la difficulté à faire correspondre la défense des intérêts d'un client avec ses priorités parfois, il est vrai, insondables ou absconses et donc à arrêter des objectifs stratégiques clairs répondant pertinemment aux injustices vécues.

5 - Le cabinet d'avocat « clinique de la dette »

Pour mieux appréhender la pertinence d'une démarche juridico-clinique, l'on peut aborder la question complexe et ô combien sensible de la représentation par le client de ce qu'il doit, ou ne doit pas, à son adversaire et qui a, peu ou prou, rapport avec une organisation psychologique susceptible d'altérer son propre rapport à la dette qu'il doit, croit devoir ou est censé devoir.

Qui n'a pas constaté que la dette finalement convenue à l'amiable entre les parties ou arrêtée par le magistrat dans son jugement (qu'elle résulte d'un préjudice moral ou financier) coïncide rarement avec la représentation que les justiciables s'en faisaient au départ du contentieux, que cet écart porte régulièrement la marque de leur propre organisation psychologique qui travaillerait, par exemple, à rendre inaccessible une compréhension raisonnée de ce qu'ils doivent ou leur est dû, avec comme effet de les inciter tantôt à croire devoir plus que ce qu'ils doivent, le cas n'est pas rare loin de là, tantôt à croire ne rien devoir ?

Dit autrement, la perception, par définition subjective, que les justiciables ont de leur rapport à la dette, est rarement ajustée à la réalité de leurs engagements professionnels ou privés.

Cette difficulté à objectiver la dette vient du fait que celle-ci renvoie *ipso facto* à l'obligation implicite qui se profile de devoir quelque chose et donc à la faute ainsi qu'à la culpabilité qui en résulterait si la dette était reconnue.

Il est bien établi que le mot allemand *Schuld* signifie à la fois « dette » et « faute » et *schuldig*, « coupable » et « débiteur ».

De la sorte l'on comprend que la connexion existante entre « dette » et « culpabilité » n'est jamais neutre, loin de là, et suscite une certaine réticence 'naturelle' chez les justiciables quant à élaborer sur leur propre dette et donc à se reconnaitre 'coupable'.

Au-delà de cette réticence 'naturelle' bien compréhensible, l'altération de la représentation des justiciables quant à la réalité de leur dette peut résulter de prédispositions psychologiques particulières que les psychologues cliniciens mettent volontiers en évidence, à savoir que non seulement nous serions tous, à des degrés divers, travaillés par un sentiment ou affect de culpabilité, mais surtout, ajoutent-ils, que ce sentiment nous affecterait inégalement. [13]

Ainsi, ces prédispositions psychologiques peuvent nous rendre tantôt prompts à nous sentir coupables de tout et à mettre à notre charge une dette qui n'existe pas, tantôt prompts à ignorer tout sentiment coupable au point de dénier l'existence pourtant avérée de notre dette.

Immanquablement, ces deux types de prédispositions sont, à elles seules, génératrices, tôt ou tard, de contentieux.

Ainsi, tel justiciable plus naturellement enclin à se sentir redevable-en-tout-état-de cause et impuissant à raisonner ce sentiment de culpabilité qui l'incite à majorer la réalité de sa dette au regard des critères du droit (ou de la morale communément admise) crée par son fait les conditions *a*

---

[13] Ainsi ce sentiment de dette sans justification évidente pourrait résulter de l'action souterraine d'un sentiment « de culpabilité » inconscient œuvrant secrètement à faire exister une telle dette sans correspondance objective.

priori d'un litige qui surgit le jour où les obligations, que lui imposent ce sentiment coupable qui l'accable, deviennent trop lourdes à porter et le contraignent à faire cesser ce fardeau qu'il a injustement accepté de porter.

Tandis que tel autre, moins scrupuleux et plus prompt à se défaire d'un tel sentiment de dette, s'il n'a jamais existé chez lui, n'éprouverait aucun sentiment de cet ordre malgré l'évidence de ce qu'il doit en dépit des injonctions claires du droit ou de la morale sociale, créant également les conditions *a priori* d'un litige avec son partenaire.

D'où la nécessaire intervention de la raison juridique (dont on rappelle qu'elle relève plus du paradigme du « *raisonnable* » [14] que de celui de la rationalité) afin précisément d'objectiver et d'ajuster le rapport à la dette de ces justiciables qui peinent à fixer le poteau-frontière de leur dette et à faire la part des choses entre ce qu'ils doivent et ce qui leur est dû.

Pour illustrer la complexité de ce rapport à la dette, prenons l'exemple extraordinaire mais réel de cet employé retraité, dont le métier était de relever des compteurs d'eau et qui saisit, seul, le Conseil de prud'hommes pour exiger soudainement de son employeur, au moment même où il s'apprête à prendre sa retraite, un rappel de salaires et de remboursement de frais correspondant à 10 années complètes d'activité.

L'employeur interloqué, ignorant jusqu'à l'existence de ce salarié dans ses effectifs, missionne le cabinet pour en savoir un peu plus sur cette demande invraisemblable.

---

[14] Le « *raisonnable* » se traduit en langue anglaise par « *reasonableness* ». Ce concept anglais n'est pas un adjectif substantivé comme en français, mais un nom spécifique qui souligne la conscience aigüe, dans la tradition de *common law,* que le paradigme de la justice n'est pas celui de la rationalité pure et dure, mais le paradigme de la 'raisonnabilité'…

Après enquête, il s'avère que toutes les demandes sont fondées, (quoiqu'en partie prescrites pour les 5 premières années, eu égard au délai de prescription applicable à l'époque).

L'histoire révèlera que ledit salarié, embauché par une 1ère entreprise rachetée deux fois par la suite, s'était fâché avec son employeur d'origine qui avait exigé de lui 10 ans plus tôt qu'il établisse, pour chaque déplacement, un bordereau d'activité selon l'imprimé de l'entreprise, et averti qu'à défaut d'utiliser ledit imprimé, il ne serait ni payé de ses salaires ni remboursé de ses frais.

Le salarié ayant refusé de faire usage de l'imprimé fourni, sera effectivement privé de tout salaire et de tout remboursement de ses frais professionnels, tout en continuant de travailler pendant 10 ans…, tout en ayant disparu des effectifs de l'entreprise à l'occasion des deux rachats successifs…

Tout cela échappe évidemment à l'entendement.

Convoqué devant les prud'hommes, le dernier employeur réalise qu'il va devoir s'acquitter d'une dette de près de 100.000 €.

Pressé aimablement de s'expliquer sur son inaction durant dix ans pour récupérer ses sous, le salarié finira par dire, non sans émotion : « *Très jeune, j'ai été confronté avec ma famille à des huissiers qui venaient régulièrement frapper à la porte pour réclamer le paiement des dettes contractées par mon père qui était aveugle et très pauvre, sollicitations que je trouvais très injustes. Marqué par cette vision, je n'ai jamais pu, durant toute mon existence, réclamer quoique ce soit à qui ce soit* », au risque à défaut, pourrait-on ajouter, de se sentir terriblement coupable.

A la question posée de savoir pourquoi il avait néanmoins décidé de réclamer son dû aux Prud'hommes, il répond : « *C'est lorsque mon épouse a eu connaissance du montant dérisoire de ma retraite que celle-ci a alors exigé que je réclame mes arriérés de salaires et de remboursements de frais ».*

Nécessité fait loi. C'est bien elle qui aura eu raison ici de cette impuissance psychologique à réclamer paiement d'une dette pourtant certaine dans son principe, exigible depuis très longtemps et indubitablement due, autant d'évidences dont ce salarié n'était, fait bien étrange, pas assuré.

Autre exemple tiré du contentieux familial. Un mari vient au cabinet avec un projet d'accord de divorce prérédigé avec son épouse et consigné dans une clé USB.

Ce projet d'accord traduisait manifestement la volonté de l'épouse, de divorcer sans raison clairement avancée, de conserver l'appartement conjugal et voir fixer la résidence principale de sa fille avec elle, tandis que le mari irait de son côté s'installer dans la chambre de service située dans un autre immeuble et réglerait à son épouse une pension alimentaire au titre de l'entretien et l'éducation de l'enfant.

Invité à prendre du recul sur cette situation contentieuse difficile et manifestement douloureuse et plus précisément à valider ce projet d'accord au regard de ses souhaits personnels, le client renvoie, aussitôt, au contenu du projet déjà validé avec son épouse.

Interrogé plus avant sur ce qu'il pourrait éventuellement souhaiter pour lui-même indépendamment du projet d'accord enregistré sur sa clé USB, il répond sans hésitation : « *ne pas divorcer, conserver la jouissance de l'appartement familial et avoir ma fille en résidence principale chez moi* », soit l'exact inverse des résolutions du projet d'accord.

Réalisant de lui-même, comme dans un flash, la contradiction de ses derniers propos avec les termes de l'accord, il reste un instant interloqué, puis déclare tout de go : « *je crois que nous allons être amenés à nous revoir* ».

Délaissant le projet d'accord, il demandera à saisir le juge familial qui lui attribuera la jouissance du domicile conjugal et fixera chez lui la résidence principale de sa fille.

Les exemples abondent, tel encore cet entrepreneur en chaudronnerie suivi par le cabinet pendant plus de 20 ans pour des contentieux toujours plus nombreux pour obtenir toutes sortes réparations toujours justifiées et trouvant immanquablement leur cause dans une attitude maladivement peu défendue traduisant chez lui une ambivalence avérée à accepter de protéger ses propres intérêts face à des interlocuteurs peu scrupuleux.

La grande variété des litiges auxquels il était confronté était symptomatique d'une posture imputable, selon les dires mêmes de son épouse salariée de l'entreprise, à un sentiment coupable œuvrant à empêcher tout développement heureux de ses affaires, perspective pourtant à portée de main si l'on en juge à sa réputation et à son professionnalisme.

A l'opposé du spectre, abondent également les exemples de justiciables dépourvus, en apparence du moins, de sentiment de culpabilité, tel ce dirigeant de petite entreprise, à la gestion sauvage, empêtré dans toutes sortes de contentieux faute de ne jamais régler normalement ni ses salariés, ni les caisses sociales, ni les services des impôts, en permanence aux abois, régulièrement en liquidation judiciaire et jurant que la prochaine société à constituer sera la bonne…

L'on imagine sans peine les conséquences explosives d'une rencontre entre telle personne prête à se sentir responsable de tout avec telle autre dépourvue de scrupule et résolue à profiter des failles de la première et à lui faire endosser toutes sortes d'obligations indues profitant de son inclinaison naturelle à les prendre en charge pour sacrifier à son sentiment coupable.

En somme, ces disparités dans l'organisation psychique sont sources de discordances dans la représentation du rapport dette/créance et l'on comprend, ô combien, comment la rencontre entre deux justiciables situés chacun aux antipodes de ces positions, est propre à créer entre eux conflits et contentieux judiciaires.

Illustration en droit de la famille : clinique de la dette et prestation compensatoire.

La question du montant de la prestation compensatoire est source de nombreuses interrogations, articles, propositions quant à son mode de calcul.

Ainsi bien des auteurs se sont risqués à élaborer une formule de calcul susceptible de régler, une bonne fois pour toutes, l'éternelle problématique de la fixation du montant de la prestation compensatoire.[15]

Mais la confrontation aux nombreux cas de divorce, rappellent régulièrement que les comptes du divorce ne sont pas que des comptes financiers se résumant à des équations mathématiques et qu'aucun règlement du divorce n'est possible sans que n'ait été soldé, d'une manière ou d'une autre, explicitement ou implicitement, l'ensemble des dettes des époux, qu'elle soient morales ou financières, lesquelles sont toujours intriquées et indissociables les unes des autres.

Ainsi, malgré tous les efforts louables et pertinents réalisés en vue de rationaliser le mode de calcul du montant de la prestation compensatoire et lui donner une rigueur scientifique, la pratique du contentieux familial nous rappelle sans cesse que son montant, lorsqu'il est déterminé

[15] On rappelle que cette prestation vise à compenser la disparité de niveau de vie des époux après divorce sous la forme d'un capital ou d'une rente, payable par celui qui est en meilleure posture financière à l'autre époux.

dans un cadre amiable, est toujours, sinon le plus souvent, la résultante improbable de facteurs hétéroclites tantôt objectifs et légaux (disparité de revenus, de retraite, de capital immobilier, d'économies, coût des enfants etc.) ou tantôt subjectifs (faute commise, représentation personnelle des causes du divorce, souffrance prétendument subie, etc.).[16]

En somme, le curseur de la prestation compensatoire s'établit toujours ultimement tout bien considéré, c'est à dire toutes dettes morales ou financières considérées, alors pourtant que le droit positif a clairement posé le principe que les causes du divorce et les griefs entre époux sont sans incidence sur le calcul du montant de la prestation compensatoire qui n'a pas vocation à compenser d'éventuels préjudices moraux liés au comportement de l'un des époux qui, s'ils existent, doivent faire l'objet d'une indemnisation distincte sur le fondement des articles 1240 ou 266 du code civil.

Mais la clinique de la dette au sein du cabinet d'avocat fait tout aussi clairement apparaitre que les attentes des justiciables quant au montant de la prestation compensatoire répondent pour une large part à des considérations psychoaffectives, qui vont et viennent sans direction visible, mais qui sont bien souvent en rapport avec une volonté, plus ou moins explicitée, de faire payer *cash* à son conjoint une dette morale.

---

[16] Le montant de la prestation compensatoire dépend également de la stratégie adoptée par les justiciables vis-à-vis de la procédure de divorce et à sa durée supposée, certains époux ayant le souhait d'en terminer avec cette procédure dont le coût moral excède pour eux la question du montant de la prestation (et sont corrélativement prêts à payer ce qu'il faut), certains autres adoptant une stratégie dilatoire tendant à maintenir pour l'heure et en tout état de cause la procédure pour continuer d'en découdre avec son conjoint-adversaire, peu important à ce stade le montant de la prestation.

Bien que dûment informés par leur conseil de l'obligation qu'il leur est faite de décorréler les questions morales du montant de la prestation compensatoire, les justiciables succombent régulièrement à la tentation d'utiliser leur demande de prestation compensatoire comme un outil propre à atteindre moralement leur conjoint.[17]

La réforme du divorce du 18 novembre 2016 a pu laisser croire à la possibilité d'un divorce exprès, sans juge, par accord des parties, propre à liquider rapidement le divorce ainsi que toute la problématique de la dette entre époux.

Nul doute que cette réforme répond à une attente de certains justiciables, mais elle porte toujours en germe le risque que l'accord soit quelque peu expéditif et escamote la problématique de la dette.

S'il existe bien des cas où les époux sont incontestablement résolus à régler leur divorce à l'amiable rapidement par consentement mutuel et sans juge, et c'est évidemment heureux pour le bon fonctionnement de la vie sociale, restent cependant tous les cas, nombreux également, où la procédure de divorce est le passage obligé d'un règlement tout bien considéré des dettes morales et financières des époux.

Ce passage obligé, aux significations complexes, implique du temps et toute une capacité élaborative des parties sur la dette qui, si elle parvient à se mobiliser, possibilise et parfois, précipite, dans l'intérêt des parties et de leur environnement familial immédiat, une fin amiable de la procédure judiciaire.

---

[17] La dissociation opérée par le droit entre le faute éventuellement commise par un époux durant le mariage et le montant de la prestation compensatoire (qui est censé répondre à des critères 'objectifs' de disparité de niveau de vie), laisse régulièrement indifférents les époux en recherche d'une réparation morale qu'ils espèrent obtenir, en tout ou partie, *via* la prestation compensatoire qui, comme son nom l'indique, symbolise la réparation et implique la reconnaissance d'un préjudice dont le montant ne saurait être 'symbolique'....

Ici encore l'expérience montre assez clairement que si les capacités élaboratives des parties sur leur dette morale et financière vis-à-vis de leur conjoint, ne parviennent pas à se mobiliser, les procédures judiciaires de divorce s'étirent dans le temps, l'une des parties demeurant dans l'attente d'une reconnaissance par l'autre d'une dette morale due et/ou d'une faute commise.

Le cabinet d'avocat, véritable clinique de la dette, est donc le lieu désigné pour la mobilisation chez les justiciables de leurs capacités élaboratives quant à ce qui est dû à cet autre-adversaire qui n'est autre que leur conjoint avec lequel ils ont vécu, jour après jour, durant des dizaines d'années.

6 - L'avocat défenseur du client contre lui-même

Plus généralement, l'approche juridico-clinique que nous essayons de définir ici, appliquée à la dette est, selon nous, l'occasion d'offrir aux justiciables un cadre propre à favoriser une certaine prise de conscience quant à la réalité de leur dette, un cadre propre à objectiver leur dette, par-delà ces affects de culpabilité agissant souterrainement, pour vaincre leurs résistances à assumer la défense de leurs intérêts devant la justice ou pour surmonter leurs inclinations quérulentes.

C'est tout ce cheminement réflexif que le justiciable peut ainsi poursuivre et qui peut être l'occasion de réaliser combien ce sentiment coupable qui le tenaille tend à minorer ou majorer ce qui est réellement et objectivement dû.[18]

[18] Cette rationalité raisonnable, qui a des similitudes sur le plan idéologique avec la casuistique probabiliste, est le paradigme au sein duquel évolue la justice dont la mission est de rendre des décisions certes validées par le droit positif, mais à l'issue d'un parcours opératoire des juges où l'art du

Une telle démarche donne tout son sens à l'intervention de l'avocat qui doit recourir à ces données objectivantes que sont le droit et la jurisprudence et qui consistent très précisément en cette 'rationalité raisonnable' (« *reasonableness* »)[19] paradigme spécifique dans lequel se tient l'activité juridico-judiciaire dont l'objet même s'identifie à ces allers-retours incessants entre droit positif et faits litigieux en vue d'ajuster le premier au plus près des seconds et vice-versa.

Ainsi, le positionnement du justiciable dans son rapport dette/créance, aussi enraciné soit-il dans une histoire et dans des évènements fondateurs enfouis, est susceptible, sous l'effet des obligations qu'impose le contentieux judiciaire, de changement ou d'hétérogénéisation qualitative et de donner lieu à de nouvelles représentations propres à permettre à une partie de s'assumer créancière, en endossant, au moins pour le temps de la procédure, sa qualité de demanderesse.

Le contentieux judiciaire peut donc être l'occasion d'une réorganisation de l'équilibre psychologique du justiciable et une opportunité de cheminement pour apprendre sinon à maitriser du moins à raisonner ce sentiment de culpabilité diffus et inconscient qui le tenaille pour desserrer son emprise altérant son discernement et accéder à une représentation aussi objectivée que possible de son rapport dette/créance pour affirmer ses droits.

Si l'entretien juridico-clinique n'a pas vocation pour l'avocat à fixer d'autorité le poteau-frontière de la dette, il contribue à vectoriser l'élaboration d'un discours sur ce qui est objectivement dû ou jugé comme tel, œuvrant par le fait

---

'*distinguishing*' et les interprétations permettent précisément la mise en œuvre d'une rationalité souple, tout sauf mécanique.

[19] Le concept de *Reasonableness* n'a pas d'équivalant en français. Utilisé dans la théorie générale du droit (« jurisprudence ») en droit anglais, il renvoie à une idée de 'rationalité raisonnable' s'il l'on ose dire. Il ne s'agit ni de 'rationalité' au sens strict, ni d'un 'raisonnable' aux contours flous, mais d'un entre deux.

même à un resserrement du sentiment de culpabilité sur la dette réellement due[20].

Et pour ces justiciables moins scrupuleux qui sont mêlés à la justice plus souvent qu'à leur tour en raison d'une apparente impossibilité/refus de se sentir redevable à l'égard de leur entourage social ou familial, l'entretien juridico-clinique peut être également l'occasion d'une confrontation exigeante du droit et (pourquoi pas ?) d'une amorce de changement dans la perception de cet autre-adversaire qui vient, contre toute attente lui réclamer des comptes.

Tout ce travail d'élaboration et de repositionnement de la dette s'opère aujourd'hui, bon an mal an, au sein des cabinets d'avocats selon des modes qualitativement très différents.

Il est à la croisée de bien des champs de la réflexion humaine, qu'ils soient de type philosophique, moral, juridique, spirituel ou psychologique, et donc à la croisée de bien des présupposés à l'œuvre impossibles à démêler. Et pourtant.

C'est bien à repérer chez certains cette propension 'naturelle' à se croire en dette vis-à-vis de leurs contemporains ou, ce qui revient au même, à méconnaitre leur qualité de créancier, qu'un avocat peut utilement défendre son client.

La mission de l'avocat classiquement comprise comme visant à défendre les intérêts du client contre des tiers qui leur doivent réellement et objectivement quelque chose, ne

---

[20] Le juge, en tranchant le litige, fixe le poteau-frontière de la dette et crée un nouvel ordre de représentations quant à la dette obligeant les parties à remanier leur rapport à la dette en effaçant par exemple la culpabilité afférente au dommage causé, en déboutant le demandeur ou en condamnant le défendeur. D'où il apparait que juges et avocats, dans le cadre de l'état de droit, contribuent à gérer la culpabilité en objectivant rationnellement de la dette.

résume pas, loin de là, toute la question de la défense dont il fait profession.

Cette mission de défense n'est en effet pas seulement dirigée contre des tiers supposés responsables mais, régulièrement et parfois même prioritairement, « contre » le client lui-même, en l'encourageant par exemple à vaincre ses propres résistances pour enfin oser engager une action en justice et réclamer son dû ou oser défendre vigoureusement ses intérêts contre une attaque dont il voudrait, à tort, minorer l'importance.

A l'autre bout du spectre, la « défense du client contre lui-même » peut également conduire à dissuader tel justiciable quérulent à réclamer, en toutes occasions, réparation de préjudices qu'il prétend avoir subis.

Le 'génie' de l'avocat dans la défense des intérêts de son client peut donc simplement consister à le persuader d'avoir à réajuster sa représentation du rapport dette/créance vis-à-vis de son adversaire, en lui permettant de se faire une image plus élaborée, plus objectivée et somme toute plus raisonnée de ce qu'il doit vraiment, sans donc céder aux forces obscures et inconscientes d'un sentiment-de-culpabilité-en-tout-état-de-cause ou, à l'extrême opposé, de tentations quelque peu paranoïaques-mégalomaniaques, pour reprendre la terminologie de la psychologie clinique.

Exemple, un actionnaire minoritaire, associé dans le cadre d'une joint-venture avec un puissant groupe industriel américain, est contraint de réagir au comportement prédateur de ce dernier.

Paralysé qu'il est psychologiquement et moralement à l'idée d'engager un recours en justice à l'encontre de ce géant industriel, il mettra plus d'une année à remettre au cabinet la pièce centrale justifiant de manière définitive du bien-fondé de sa position dans le litige naissant. La pièce consistait dans un fax de 3 pages particulièrement compromettant trouvé par hasard très tôt le matin sur le télécopieur de l'entreprise française et adressé des Etats-Unis à un directeur américain résidant en France.

Un an complet a été nécessaire pour faire taire ce sentiment coupable interdisant de réclamer son dû devant les tribunaux ; un an complet pour accéder psychologiquement à l'idée de pouvoir revendiquer en justice et passer à l'acte.

C'est bien à l'occasion des nombreux entretiens au cabinet ayant pour objet de rationaliser les aspects juridiques et judiciaires du contentieux à venir, qu'a été créé un espace d'élaboration propre à défouir ce sentiment de culpabilité paralysant toute communication de la pièce litigieuse, inhibition dont le client finira, non sans courage, par triompher.

La pièce sensible finalement remise par le client au cabinet sera aussitôt versée aux débats dans le cadre de la procédure déjà engagée et permettre de manière décisive à conclure un accord amiable.

Ou encore tel autre client, gérant d'une société unipersonnelle, qu'il aura fallu convaincre, 9 ans après les faits litigieux…, d'engager une procédure judiciaire contre une multinationale, dont la faute avérée lui avait fait perdre l'opportunité de déployer ses services et de réaliser plusieurs centaines de millions de chiffre d'affaires, ce qui militait largement en faveur d'une reconnaissance de sa créance en justice.

A l'aune de l'enjeu litigieux, l'on mesure la force des résistances internes à l'œuvre chez ce Gérant qui, finalement, parviendra à les surmonter en se laissant convaincre d'agir devant les tribunaux, *in extremis*, à quelque mois de la forclusion…

En conclusion, il apparait bien que le cabinet d'avocats peut devenir le lieu par excellence où prennent forme des élaborations par interaction avocat/client qui tendent à rapprocher le justiciable de ce qu'une personne raisonnable[21] tendrait à considérer comme réellement dû.

Ainsi l'avocat, sans jamais négliger cependant sa mission principale de défense des intérêts par le recours au droit, peut-il, également, inviter son client à s'engager autant que possible dans la voie d'une réorganisation plus juste et ajustée de sa perception et représentation du monde par corrections et rectifications successives, en ayant égard particulièrement aux règles de droit et à la jurisprudence.

Il est clair que ce remaniement de la représentation du rapport dette/créance tendant à objectiver rationnellement la dette due, connaissance prise des critères retenus par le droit positif, ne s'opère pas selon un processus linéaire et prédéterminé.

Faute pour le client de vouloir (ou pouvoir) se ranger à la recommandation prudente de son avocat de réaménager quelque peu sa perspective, le rapport de force contentieux se poursuivra et l'avocat se bornera à le mettre en garde sur les conséquences de son refus/incapacité.

C'est le plus souvent à travers l'épreuve douloureuse du conflit et des réalités qu'il met en jeu, qu'un client finit par trouver intérêt à changer sa représentation du monde et partant celle de son rapport dette/créance vis-à-vis de son adversaire.

Aussi bien cette injonction du réel peut-elle rester lettre morte, avec son lot évident de complications.

Ces réflexions pourraient d'ailleurs conduire à affirmer, non sans une certaine audace, qu'au-delà de la mission officielle de défense des avocats comprise comme l'engagement de défendre un client contre une adversité extérieure, c'est-à-dire contre un adversaire désigné comme tel (employeur indélicat, conjoint abusif, partenaire commercial déloyal, etc.), l'avocat joue dans les faits un

---

[21] Figure du « *reasonable man* » de la Common Law, pendant de celle du « *bon père de famille* » dans l'ancien code civil.

rôle de défense du client contre lui-même, c'est à dire contre ses propres démons, contre un sentiment de culpabilité exacerbé, irraisonné ou fâcheusement inexistant qui le dessert et contribue à l'éloigner d'une réalité sociale avec laquelle il se met régulièrement en porte à-faux, à son détriment.

L'on pourrait ainsi imaginer que son intervention soit plus explicitement entendue comme un engagement de « *le défendre tout bien considéré* » impliquant d'investir tout un univers de défense où est interrogé et réfléchi ce rapport dette/créance et où sont prises en compte ses limites plus ou moins assumées dans son rapport au monde et la représentation primaire qu'il peut avoir de cet autre-adversaire désigné comme l'ennemi à abattre.

CHAPITRE 4

PROBLEMATIQUE DE L'APPROCHE JURIDICO-CLINIQUE

Les développements qui précèdent illustrent le décalage qui peut exister entre réalité de la dette et sentiment de la dette et fondent la pertinence d'une démarche juridico-clinique propre à favoriser une novation des représentations.

Mais tout cela ne va pas sans quelque interrogation sur le rôle et les limites d'intervention des professionnels du contentieux.

Technicien, porte-plume et porte-parole ? L'avocat est-il transparent et neutre moralement, psychologiquement, affectivement ? Doit-il, sans discernement, se faire l'écho servile des revendications brutes et mal dégrossies des justiciables qui viennent le voir en revendiquant l'application et l'exécution du droit ?

Ou bien, l'avocat est-il le grand gourou qui révèle au grand jour la conflictualité inconsciente de ses clients, l'accoucheur de leurs intérêts inavoués ou refoulés ? Est-il le grand liquidateur de ces conflits sous-jacents qui excèdent le litige au-delà du rapport de force et des règles de droit ?

S'il est inconcevable de borner l'exercice de la profession d'avocat à un rôle de technicien du droit traduisant servilement les revendications de ses clients dans le langage du droit, il n'est pas davantage imaginable qu'il se transforme en gourou ou s'improvise *proprio motu* psychanalyste pour traiter cette conflictualité qui transparait dans le litige en s'abandonnant à des interprétations sauvages dans l'intérêt supposé de son client.

C'est bien entre ces deux postures extrêmes, bien comprises comme deux écueils à contourner, que le professionnel du contentieux doit naviguer, navigation périlleuse..., dont l'approche juridico-clinique ici présentée propose de dessiner les contours et le cadre d'évolution.

Alors quelle place lui réserver ?

L'idée est bien, pour l'avocat, d'accepter de se laisser saisir par les 'véritables' enjeux du contentieux pour son client, (qu'ils soient d'ordre moral, financier, psychologique ou autre) et d'éviter de précipiter la collecte et l'affutage des armes juridiques pour résoudre en droit le litige, avant même d'en avoir appréhendé toute la dimension historico-conflictuelle.

Cependant, cet effort d'imprégnation de la situation de fait et l'implication personnelle qu'elle commande, présuppose de la part du professionnel qu'il accepte de jouer un rôle critique propre à interroger son client sur le sens à donner à la dynamique conflictuelle du litige et à la confrontation judiciaire qui s'annonce, sans bien sûr méconnaitre l'état du droit positif et les données juridiques du litige.

Peut, à cet égard, se poser la question de savoir, au nom de quoi et à quel titre l'avocat serait justifié à explorer, de manière critique, lors de ces entretiens 'juridico-cliniques' suscités par le client ou par lui-même, les ressorts de la dynamique contentieuse de son client ainsi qu'à tenter de l'aider à défouir cette conflictualité latente.

Les motifs et présupposés d'une telle exploration varient selon la pratique contentieuse envisagée (prud'homale, familiale, successorale, commerciale ou pénale) et selon chaque avocat, et ils renvoient sur le fond à une forme d'intimité professionnelle rarement partagée car relevant d'une dimension de la pratique très personnelle qu'il lui est difficile d'exposer, bien que potentiellement riche d'enseignements.

La problématique n'est pas simple.

Cheminer dans le cadre et les limites de cette approche juridico-clinique du contentieux revient à parcourir une ligne de crête aux confins du droit et de la psychologie qui reste à préciser.

A cet égard, quelques réflexions sur la question des réactions contre-transférentielles ô combien légitimes que peuvent susciter chez les professionnels du contentieux le contenu et la forme des échanges intimes et personnels qu'ils peuvent avoir avec leur client, peut contribuer à dessiner le cadre d'évolution de cette approche.

Réactions contre-transférentielles : avocat et juge atteints, en retour, dans leur existence propre

Bien que les développements qui vont suivre soient applicables à tout entretien de nature « clinique », nous prendrons comme référence le contentieux familial dont l'objet porte sur des questions qui très régulièrement renvoient les professionnels de ce contentieux à des prises de position et à des appréciations qui touchent et mettent en jeu leur propre sensibilité et humanité.

En la matière, les avocats sont aux prises avec des questions qui les impliquent personnellement, les renvoient à eux-mêmes et suscitent à n'en pas manquer interrogations critiques et réflexives.

Confrontés quotidiennement à des enjeux qui malmènent l'existence de leurs contemporains, ils sont nécessairement atteints, en retour, dans leur existence propre, se voudraient-ils des tiers étrangers à ces enjeux et ne manquent pas d'adopter des attitudes ou réactions défensives inconscientes vis-à-vis de ces situations toujours déroutantes et dérangeantes.

Ces réactions bien connues des professionnels de la psychologie clinique sont qualifiées de « *contre-*

transférentielles » en tant qu'elles visent à 'contrer' ou atténuer le transfert toujours dérangeant d'informations personnelles et intimes que lui livre l'analysant à travers le récit de son vécu, de ses phantasmes ou de ses difficultés...

Sans trop prolonger le rapprochement avec le cadre psychothérapeutique, l'on retiendra à ce stade l'exigence qui pointe ici de faire lumière sur le fait que les situations de divorce, par nature intensément conflictuelles et à fort retentissement psychoaffectif, sont génératrices de gêne et d'inconfort pour quiconque s'en laisse saisir.

De ce fait, elles ne manquent donc pas de provoquer chez l'intervenant par définition extérieur au conflit, des réactions de sympathie ou d'antipathie, d'identification ou de contre-identification, pas vraiment conscientes et susceptibles d'avoir à son insu un impact plus ou moins concluant sur les décisions qu'il lui revient de prendre.

Pour éviter que s'opèrent malgré lui les effets de ces réactions affectives plus ou moins conscientes, s'impose alors à l'intervenant de s'interroger en conscience sur le possible retentissement que sont susceptibles d'avoir sur lui ces récits d'histoires familiales et conjugales traversées d'injustices ressenties, de « pathos » et de débordements affectifs malheureux, en partant du postulant, à juste raison, que ces récits ne peuvent jamais le laisser personnellement indifférent malgré les apparences.

Par exemple, quelle incidence peut avoir, sur mes décisions, ce litige hautement conflictuel soumis à mon appréciation qui met aux prises deux époux mariés avec enfants, moi qui suis avocat (ou juge), célibataire ou marié ou divorcé, ou sur le point de me marier, avec ou sans enfant, en conflit ouvert ou larvé, en ce moment même, avec mon conjoint ou mon compagnon… ?

En quoi le vif intérêt ou le sentiment de rejet éprouvé pour cette affaire, l'excès d'identification ou de contre-indentification à la position de l'un des protagonistes est-il susceptible d'avoir un impact sur les options que je vais recommander à mon client en tant qu'avocat (ou sur la décision que je vais rendre en tant que juge) ?

Parce qu'existe toujours la possibilité, évidente et identifiée dans son principe, de réactions contre-transférentielles tendant plus ou moins inconsciemment soit à passer au travers d'informations pourtant pertinentes pour le contentieux en cause à seule fin de m'épargner les troubles qu'il suscite chez moi, soit à relever avec empressement des éléments dépourvus de pertinence mais que ma sensibilité par trop réactive m'incite à prendre en considération…

Ces réactions contre-transférentielles concernent aussi bien avocat, médiateur, juge ou travailleur social et sont peut-être plus encore à relever chez l'avocat dont l'essence du métier présuppose, tout au moins au départ de la relation avec son client, de s'identifier puissamment à ce dernier, au risque évidemment de se laisser emporter au-delà de ce qui parait raisonnable ou de ce que les règles déontologiques recommanderaient.

Dans la pratique quotidienne, le contre-transfert peut se traduire par des réactions inattendues comme le surgissement de forts sentiments d'affection ou d'hostilité, une réponse péremptoire, une réprimande soudaine, une tentative d'intimidation ou plus simplement un refus pur et simple d'écouter.

En pratique d'ailleurs, faute d'une veille défensive active quant à ces réactions excessivement compatissantes par exemple, ce sera le budget limité du client ou les contraintes de calendrier du cabinet d'avocat qui sonneront naturellement l'alerte pour couper court aux tentations identificatoires déraisonnables.

Néanmoins, à défaut d'interrogation réflexive et critique quant au malaise que le côtoiement régulier de ces situations contentieuses sont susceptibles de provoquer par identification/contre-identification inconsciente et quant aux réactions et mouvements internes qu'il ne manque pas de susciter, le risque est grand pour l'avocat de suivre passivement et malgré lui le mouvement erratique de ses propres affects, au préjudice de son client.

Les avocats le savent ou le devinent et s'en défendent régulièrement.

Faute d'une telle approche réflexive et critique sur la façon dont ils sont affectés par les situations contentieuses, l'intervenant se condamne à faire le constat amer d'un désenchantement de la vie conjugale et familiale et à assister impuissants à la dislocation des familles, sans pouvoir élaborer des représentations objectivables et raisonnées de ces situations, c'est-à-dire corrigées de leurs sous-jacents contre-transférentiels, autrement dit, un tant soit peu dissociées des mouvements affectifs induits par la relation au client.

S'imposerait donc en cette matière tant au juge qu'à l'avocat de clarifier son rapport au justiciable, en mettant à jour ces complicités douteuses soi-disant commandées par un sentiment débordant de solidarité ou ces mises à distance suspectes soi-disant commandées par la déontologie, ou par une prétendue position de pouvoir à tenir ou par le besoin plus simplement de se protéger, alors que c'est un effort calculé de compromission avec le justiciable dont il est question, pour mieux défendre et juger ses intérêts, ce qui, paradoxalement, peut conduire régulièrement à le défendre vigoureusement contre lui-même, ainsi que nous l'avons vu précédemment.

Une complicité/distanciation calculée au service du client/justiciable

Ce n'est ni une posture prétendument professionnelle soi-disant purifiée de toute ambigüité, ni une complicité manifestée par une soi-disant générosité sans limite, mais bien une interrogation incessante sur cette relation évolutive, qui garantira une défense optimale des intérêts (ou de l'intérêt) du client, contre son adversaire ou contre lui-même.

C'est par le creusement de cette problématique portant sur cette relation de transfert en devenir que l'avocat échappera à une identification mal maîtrisée ou à une distanciation outil-de-pouvoir, pour rentrer dans un échange exigeant ouvrant sur une dynamique relationnelle où le rapport à la justice, au droit, à cet autre-adversaire et plus généralement à l'altérité devient une construction dialectique dans laquelle l'avocat catalyse la connexion à opérer entre l'univers subjectif du client et le monde objectif du droit et de la justice auquel il faudra bien *in fine* que ce dernier se raccorde.

Dans notre perspective, l'avocat est l'agent qui possibilise ce rapport à cet autre-adversaire au travers d'une relation de transfert faite d'une complicité/distanciation calculée.

D'un côté, l'excès d'identification au client peut laisser croire, à tort, que sa réclamation en justice est, à coup sûr, bien fondée, de l'autre, une contre-identification trop assumée peut le laisser, à tort, sans espoir sur son recours et sur une justice qui lui serait à jamais inaccessible.

A tomber dans ces deux écueils, l'intervenant prive les protagonistes, pris dans les rets d'un contentieux dont ils peinent à s'extraire par eux-mêmes, de la nécessaire ouverture critique aux réalités que lui oppose la partie adverse et qu'ils ont, généralement, bien du mal à se représenter avec justesse.

C'est précisément ce que la relation de transfert doit permettre et favoriser en évitant d'abandonner le client à l'illusion soit que la justice coïnciderait parfaitement avec sa vision du monde, soit qu'elle serait étrangère à ses préoccupations ou totalement inaccessible.

Dans la pratique du contentieux du divorce, suivre à la trace ces postures extrêmes du justiciable, présupposerait à tort qu'il n'y aurait là que fatras d'affects désordonnés et sans direction, avec la conviction plus ou moins avouée que toute tentative de mise en ordre de ce bouillonnement conflictuel est vaine et que le délibéré des juges ne procèderait en définitive que de choix arbitraires fondés sur des situations sans issue.

L'on comprend donc sans peine que l'action des professionnels du contentieux, sur un sujet aussi sensible que la vie intime, conjugale et familiale des justiciables, les renvoie plus que dans tout autre type de litige, à leurs propres valeurs et à leur histoire individuelle, leur personne même n'étant jamais loin.

La mise au clair du malaise que ne manquent pas de provoquer la confrontation régulière à ces situations conflictuelles et le désenchantement de la conjugalité et de la famille qu'elle suscite, doit permettre au professionnel de mieux assumer son rôle, disons-le impossible, de trancher (ou contribuer à faire trancher) des situations familiales par nature rebelles au départage.

L'approche juridico-clinique voudrait que soit prise en considération, dans le parcours opératoire de l'avocat et du juge cette notion de réaction contre-transférentielle, régulièrement identifiée et évoquée par les psychologues et psychanalystes, très peu familière aux acteurs du contentieux judiciaire mais pourtant propre à débusquer et défouir les manœuvres de contournement auxquelles ils peuvent, malgré eux, s'abandonner, au préjudice du justiciable et à leur permettre d'appréhender avec plus de recul, de justesse et d'objectivité ces situations conflictuelles dérangeantes.

L'approche juridico-clinique souligne l'importance de la prise en considération, dans le parcours opératoire de l'avocat et du juge, de cette notion de réaction contre-transférentielle, régulièrement identifiée et évoquée par les psychologues et psychanalystes et peu familière aux acteurs du contentieux mais pourtant propre à débusquer et défouir les manœuvres de contournement auxquelles ils peuvent, malgré eux, s'abandonner, au préjudice des justiciables et à leur permettre d'appréhender avec plus de recul, de justesse et d'objectivité ces situations conflictuelles dérangeantes.

Certes, la prise de conscience effective du mécanisme de contre-transfert est toujours relative, mais elle est, croyons-nous, indispensable à la gestion et l'accompagnement de situations de rupture.

Elle est à la base de la démarche juridico-clinique dont nous tentons ici de préciser les contours et tend à permettre aux intervenants de saisir plus objectivement les enjeux invisibles de leurs interactions avec les justiciables.

Pour l'avocat, toute interrogation et élaboration sur ces possibles réactions contre-transférentielles tend à améliorer la qualité de son rapport au client par l'approfondissement de cette nécessaire dialectique d'identification/ distanciation.

Pour le juge, elle contribue à une meilleure impartialité et l'aide à mieux identifier les préjugés et partis pris lors de son délibéré[22].

C'est donc bien entre le charybde d'un rapprochement démagogique, d'une fausse fraternité et d'un idéalisme

---

[22] Par impartialité, l'on vise ici non pas le principe selon lequel le juge ne doit pas être lié aux parties par des rapports d'intérêt, mais le cas où celui-ci s'avèrerait, pour des raisons obscures plus ou moins inconscientes, trop bien disposé à la cause de l'une d'elles, par suite, par exemple, d'une totale identification de son histoire personnelle aux circonstances de l'affaire.

douteux et le scylla d'une mise à distance défensive de l'altérité en vue de conforter une position de pouvoir, que l'approche juridico-clinique, qui travaille à repérer et cantonner le risque de réactions contre-transférentielles, doit louvoyer.

CHAPITRE 5

ILLUSTRATION DE L'APPROCHE JURIDICO-CLINIQUE EN DROIT DE LA FAMILLE[23]

Le propos qui suit tente d'illustrer l'approche juridico-clinique en droit de la famille en s'interrogeant sur la place qui est réservée en pratique à la conflictualité dans le contentieux familial et à la place qui devrait, selon nous, lui être réservée.

Quelle place pour la conflictualité dans le contentieux familial ? Entre rejet légitime et nécessaire prise en compte.

De tous les contentieux, le plus concerné par les débordements psycho-affectifs des parties lors des audiences ou des entretiens en cabinet, est bien le contentieux du divorce lequel met en scène une conflictualité qui touche, au plus intime, le justiciable.

A l'évidence, les enjeux conjugaux et familiaux, lors d'une séparation, se situent bien au-delà de la solution qu'en donnera le juge ; ils débordent largement le cadre du droit, traversés qu'ils sont par des affects bouillonnants, parfois violents, qui traduisent de la part des litigants une forte conflictualité à un moment de leur existence ressenti comme crucial et singulier.

Les développements qui suivent tentent de préciser le cadre général et les contraintes légales qui s'imposent à la juridiction familiale lorsqu'elle aborde le contentieux du

---

[23] Le présent développement a été publié dans la revue Dalloz Actualité Juridique Famille de juillet-août 2021, pages 392-399.

divorce, ainsi que la posture qu'il lui revient d'adopter pour statuer sur ces litiges familiaux où les antagonismes parfois violents ne sont jamais loin.

Est ici question d'examiner comment le droit de la famille traite la conflictualité conjugale sous-jacente au litige, c'est-à-dire la façon dont il opère le nécessaire départ entre les questions juridiques réputées 'objectivement litigieuses' et cette conflictualité propre à chaque protagoniste qui jamais ne manque d'interférer dans le déroulement de la procédure de divorce pour tenter de peser sur la solution.

Le législateur, soucieux à juste raison de préserver la sérénité des débats judiciaires et de laisser opérer à l'abri des affects, le principe du contradictoire sur les questions réputées objectivement litigieuses, repousse avec constance la dimension conflictuelle des litiges et veille à prévenir toute éruption de cette conflictualité sous-jacente dont l'expérience prouve qu'elle est le dénominateur commun des contentieux conjugaux et familiaux.

Cette volonté légitime de borner l'office du juge à son cadre juridico-judiciaire exclue naturellement toute prise en charge du conflit latent, jugé indésirable à raison des interférences malheureuses que celui-ci est susceptible d'avoir sur le bon déroulement du débat judiciaire, sauf à l'institution judiciaire de se risquer inopportunément à prendre en charge une telle conflictualité et à sortir de son champ de compétence, ce qu'elle se garde bien de faire.

Cette réaction défensive de la justice est évidemment bienvenue dans son principe, pour ne serait-ce que garantir le respect des règles du procès judiciaire.

Mais en pratique, le législateur a poussé loin cette idée au point de construire le contentieux familial de manière cloisonnée ou compartimentée en exigeant de la juridiction familiale d'une part qu'elle appréhende les divorces en dehors de toute dimension historico-contentieuse, c'est-à-dire sans référence à l'histoire des faits et des griefs à l'origine de la séparation des époux et d'autre part qu'elle se concentre essentiellement sur l'intérêt supérieur de l'enfant par-delà la conflictualité conjugale.

Ainsi, pour affronter les contentieux de la dislocation des foyers et régler ces questions litigieuses à haute valeur conflictuelle que sont celles relatives à la fixation de la résidence des enfants, à l'attribution du domicile conjugal et à l'expulsion corrélative de l'un des deux conjoints, le législateur a voulu que la dimension historico-conflictuelle du divorce soit purement et simplement ignorée et que les litiges familiaux soient appréhendés, tranchés et justifiés à la seule aune de l'intérêt de l'enfant.

I – Rejet de la conflictualité en droit de la famille

1 – Rejet de la dimension historico-conflictuelle des litiges par le législateur

Nul doute que la séparation des époux, par ses implications psychoaffectives, est très régulièrement l'occasion de réveiller une conflictualité parfois insoupçonnée chez les litigants, singulièrement lorsque la séparation du couple apparait inéluctable et que l'heure du lancement de la procédure de divorce approche.

Or, c'est précisément au moment paroxystique de la toute première audience[24] destinée à statuer sur les mesures dites « provisoires », que le législateur fait interdiction aux parties et à leurs avocats, d'invoquer des faits à l'origine de la séparation ainsi que les griefs éventuels des époux.

---

[24] Précédemment appelée audience dite de « conciliation » et donnant lieu à une Ordonnance de non-conciliation (ONC) supprimée depuis le 1er janvier 2021, aujourd'hui appelée audience des mesures provisoires et donnant lieu à l'Ordonnance des mesures provisoires (OMP).

L'ancien article 1106 du code de procédure civile en vigueur jusqu'à fin décembre 2020 traduisait cette volonté *: L'époux qui veut former une demande en divorce présente par avocat une requête au juge. La requête n'indique ni le fondement juridique de la demande en divorce* ***ni les faits à l'origine de celle-ci****. Elle contient les demandes formées au titre des mesures provisoires et un exposé sommaire de leurs motifs.*[25]

Depuis le 1er janvier 2021, cet article, devenu l'article 1107 du code de procédure civile, enfonce le clou et proscrit : « *à peine d'irrecevabilité* », toute indication sur « *le fondement juridique de la demande en divorce lorsqu'il relève de l'article 242 du code civil* » ou « *sur les faits à l'origine de celle-ci* » dans l'acte introductif d'instance. Il précise : « *Lorsque le demandeur n'a pas indiqué le fondement de la demande en divorce dans l'acte introductif d'instance, le défendeur ne peut lui-même indiquer le fondement de la demande en divorce avant les premières conclusions au fond du demandeur* ».

En clair, la question des griefs est plus que jamais exclue des débats sur les mesures provisoires et ce à peine d'irrecevabilité jusqu'aux premières conclusions au fond.

Quant au code civil, il confirme le principe. Son ancien article 251 disposait que *: L'époux qui forme une demande en divorce présente, par avocat, une requête au juge,* ***sans indiquer les motifs du divorce ».***[26]

Et le nouvel article 251 dispose dans le même esprit : « *L'époux qui introduit l'instance en divorce peut indiquer les motifs de sa demande si celle-ci est fondée sur l'acceptation du principe de la rupture du mariage ou l'altération définitive du lien conjugal. Hors ces deux cas,*

---

[25] Gras et soulignement ajouté

[26] Gras et soulignement ajouté

le fondement de la demande doit être exposé dans les premières conclusions au fond ».

Le principe est donc plus que jamais d'actualité : le traitement de la conflictualité du divorce est toujours différé ; les protagonistes ne pourront aborder les questions conflictuelles qui les opposent que lors des débats de fond et en aucun cas lors de la première audience destinée à statuer sur les mesures dites « provisoires ».

Par cette prohibition imposée dès le départ de la procédure de divorce, de toute évocation des « *faits à l'origine de la demande en divorce* » ou encore « *des motifs du divorce* », le législateur a fait le choix, de longue date, d'amputer les litiges familiaux de tout développement sur leur dimension historico-contentieuse croyant ainsi pouvoir les expurger de toute conflictualité.

Il enjoint ainsi aux parties de renoncer à toute velléité de faire état, par écrit, d'éléments de fait relatifs aux causes et motifs de leur séparation ainsi qu'aux conditions dans lesquelles celle-ci est intervenue et qui, selon lui, ne seraient propres qu'à nourrir de vaines polémiques postulant que de tels « causes et motifs » sont sans incidence sur les questions 'objectivement' litigieuses que sont la fixation de la résidence de l'enfant ou l'attribution du logement familial.

Par ce choix délibéré, le législateur a résolument entendu borner l'office du juge et cantonner l'objet de sa première audience au règlement de questions jugées *a priori* purement pratiques, hors donc de toute problématique historico-contentieuse.

A son point de vue, les questions aussi sensibles que la fixation de la résidence des enfants ou l'attribution du domicile conjugal, seraient réductibles à des questions d'ordre organisationnel devant être tranchées à partir des données « techniques » du dossier (nombre et âge des enfants, revenus respectifs des époux, consistance du logement familial, montant des économies, etc.), moyennant une présentation aplatie et rétrécie des faits, sans chronologie, sans relief et sans évocation des causes de la rupture.

Tels sont les postulats qui fixent le cadre dans lequel le juge familial est supposé statuer lors de la première et essentielle audience de divorce.

Il y a là une orientation majeure et un choix de politique judiciaire, certes renforcé depuis le 1er janvier 2021 mais qui n'est pas nouveau et contribue à donner une image très contestée et ambivalente de l'Ordonnance des mesures provisoires (OMP), les futurs divorcés ne comprenant que trop bien que le juge familial lors de cette première audience va statuer dans l'ignorance du contexte conflictuel de leur séparation, ce qui leur apparait bien souvent comme un défi lancé au bon sens.

C'est sans doute, du point de vue du législateur, le prix à payer pour tenir à l'écart tout débordement conflictuel et s'assurer que le juge puisse aborder en 'toute objectivité' le contentieux des mesures provisoires.

Des mesures provisoires qui deviendront définitives

La question posée ne serait pas aussi grave si ces mesures réputées sur le plan juridique « provisoires » l'étaient effectivement.

Or, elles s'avèrent, en pratique, bien plus souvent « définitives » puisque, dans la réalité des faits, les parties (c'est-à-dire les parents avec leurs enfants) les auront mises en œuvre durant des mois, sinon des années, avant que le juge ne tranche le fond du divorce.

Ainsi les parties se seront accoutumées, bon gré mal gré, à cette organisation familiale soi-disant « *provisoire* » telle qu'ordonnée par l'OMP, à tel point qu'elle s'imposera, par la force du fait, au juge du fond du divorce lorsqu'il statuera un an et demi plus tard, lequel reconduira les mesures provisoires en leur conférant cette fois un statut « *définitif* ».

Ainsi, l'on comprend l'enjeu décisif de cette première audience pour les parents, s'agissant de fixer, dans la réalité des faits, de manière quasi définitive le lieu de résidence des enfants et d'attribuer le logement familial.

La portée décisive de l'OMP, présumée prendre des mesures provisoires quasi définitives (car le plus souvent confirmées par la juridiction en charge du fond du divorce qui les modifie à la marge), commandait de la part du législateur de traiter l'audience des mesures provisoires comme LA véritable audience de divorce.

La juridiction en charge du fond du divorce ne statue, en effet, essentiellement que sur la prestation compensatoire et sur la faute (cette dernière n'étant plus vraiment d'actualité), deux questions exclues de la compétence du juge des mesures provisoires.

Comprenant dès lors que l'audience des mesures provisoires est décisive pour l'avenir, il appartenait au législateur de donner aux deux parties les garanties de fond de la procédure écrite en leur accordant officiellement la faculté d'évoquer les causes et motifs du divorce dans le cadre d' calendrier de procédure garantissant le respect du contradictoire.

A l'inverse, en écartant toute dimension historico-conflictuelle du litige dès la première audience en repoussant hors du champ judiciaire toute sa conflictualité potentielle, le législateur postule à tort que les causes et conditions de la séparation des parents sont, par principe, sans rapport avec la question de la fixation de la résidence de l'enfant au domicile de l'un ou de l'autre ou avec la question de l'attribution du domicile conjugal.

Les causes et conditions de la séparation ont une incidence sur la solution du litige

Nul doute que l'évocation contradictoire des causes et conditions de la séparation du couple est propre à révéler des faits susceptibles d'avoir une incidence sur la solution du litige.

Les contextes conflictuels des litiges familiaux sont riches d'enseignement pour les juges et avocats et ces derniers devraient pouvoir aborder, d'emblée, sans trop s'y attarder, la question des griefs, moyennant une présentation concise par les avocats de la configuration familiale, c'est-à-dire d'un tableau clinique permettant au juge de se représenter les enjeux sous-jacents de la séparation du couple et de fixer les mesures « provisoires » au vu d'une appréciation tout bien considéré du litige et non dans le cadre d'une approche amputée de toute dimension historique.

C'est à partir d'une appréciation « en situation », c'est à dire du contexte, de l'histoire familiale et des perceptions-compréhensions cliniques riches et variées qu'elles ne manquent pas de susciter chez le juge, que celui-ci pourra donner une direction à son délibéré.

Lors l'audience de conciliation, disparue depuis le 1er janvier 2021, le juge familial avait encore l'occasion de rencontrer chacun des époux durant quelques minutes dans son cabinet et lors de l'audience elle-même ; cela lui donnait l'opportunité d'apprécier par lui-même comment les parties réagissaient à la séparation et d'enrichir son regard sur les enjeux du conflit grâce à des perceptions-compréhensions suscitées par ces quelques échanges.

Avec la nouvelle loi, le juge familial tranche désormais non seulement dans l'ignorance des conditions de la séparation et donc de la dimension historico-conflictuelle du litige, mais sans avoir jamais eu de contact direct avec les époux.

Ainsi, à scruter le cœur du parcours opératoire du juge familial tel que voulu par le législateur, l'on constate que celui-là tend inexorablement à se tenir de plus en plus à distance de la réalité vivante du conflit conjugal et à s'accommoder de fixer les mesures provisoires sans connaitre l'histoire du conflit, sans voir les parties..., et sans non plus avoir à motiver son ordonnance (en dehors d'un renvoi sommaire aux articles du code et à un bref exposé de la procédure).

A rebours de cette politique législative, la juridiction familiale, dans la perspective envisagée ici, n'a guère le choix que de devoir s'aventurer quelque peu dans une histoire, une tranche de vie que la loi devrait lui reconnaitre le pouvoir d'apprécier souverainement, en prenant connaissance des récits contradictoires de l'histoire litigieuse et de son enchainement causal.

Le Juge aux affaires Familiales ne devrait pas se borner sa connaissance du dossier à des éléments pratico-pratiques (montant des revenus des époux, leur profession, le nombre et l'âge des enfants, la consistance du logement familial, etc.), amputés de la dimension historico-contentieuse du litige.

D'ailleurs, la frontière entre données pratico-pratiques et dimension historique du litige s'avère poreuse, les parties et leur Conseil passant outre très naturellement en portant à la connaissance du juge des informations sur le conflit conjugal sous-jacent, à l'occasion d'invectives échangées à l'audience, ou en développant un point technique ayant indirectement trait à l'histoire contentieuse, c'est-à-dire aux griefs et aux causes de la séparation dont l'évocation est en principe prohibée.

Et il sera difficile de savoir si ces éléments évoqués malgré tout auront laissé de marbre la juridiction familiale supposée restée sourde à cette évocation ou s'ils l'auront néanmoins orientée dans un sens ou dans l'autre.

Il n'est d'ailleurs guère étonnant que la frontière entre les mesures provisoires et les « motifs et causes » du divorce soit poreuse, tant elle est artificielle et contre nature, les époux aspirant à ce que leur histoire, prise dans sa globalité, soit tranchée par le juge, sauf à la juridiction familiale d'assumer le risque de prendre une décision hors sol dans des dossiers aux enjeux cruciaux pour les parties.

L'argument tiré de la nécessaire sérénité des débats

Se comprend la tentation du législateur de vouloir éviter tout débat houleux sur les griefs, de prévenir toute explosion affective dans les prétoires et donc de garantir la tranquillité des débats judiciaires et d'autant plus que l'on n'en a jamais vraiment terminé avec les souffrances psychiques singulièrement lorsqu'elles se lovent dans des demandes en justice insatiables, mélange explosif dont les juges veillent à se tenir prudemment à l'écart.

Si l'on ne peut laisser le pathos conjugal et familial pénétrer sans cadre ni limite dans l'enceinte du cabinet du juge, l'on ne peut davantage se contenter de purger les débats judiciaires de ce 'pathos' brut en évacuant au passage toute référence à l'histoire contentieuse.

En rejetant toute référence au conflit, l'on prend le risque qu'il ne reste plus grand-chose au juge pour alimenter son délibéré et qu'il soit condamné à statuer sur des demandes en justice artificiellement réduites à leur dimension matérielle en rédigeant une Ordonnance rarement motivée et dont l'objet est officiellement bornée à la fixation d'une nouvelle organisation matérielle de la famille, alors qu'elle emporte des conséquences considérables pour les protagonistes.

Plus problématique est le fait que certains justiciables qui ont eu à souffrir de contextes conjugaux hautement préjudiciables ressortent de ces premières audiences familiales avec le sentiment amer de ne pas avoir été entendus et compris, alors que les causes et conditions de la séparation de leur couple eussent justifié d'examiner leur éventuelle incidence sur la fixation du lieu de résidence des enfants ou l'attribution du domicile conjugal.

Pour sortir de cette alternative insatisfaisante, l'idée est bien de faire entrer ce 'pathos' par la petite porte, c'est à dire dans le cadre organisé et limité d'un récit synthétique de l'histoire contentieuse.

Mais l'on ne peut, sous prétexte de vouloir s'épargner le désagrément d'un déboulé d'affects parfois vifs dans les audiences familiales, expulser tout récit sur le passé et l'histoire des parties, avec ses hauts, ses bas et son 'pathos'.

Encore une fois, si le juge familial n'a pas vocation à prendre en charge et traiter le 'pathos' qui jamais ne manque de s'inviter lors de l'audience des mesures provisoires, il ne saurait pour autant faire l'impasse sur une histoire familiale et conjugale qui révèle son lot de difficultés et d'accidents de la vie en tous genres, comme les infidélités, les surinvestissements professionnels ou familiaux, les addictions, le chômage, etc.

Autant d'indices et de signaux qui contribuent à construire et à se représenter une image de la vie du couple et de la famille en cause et qui sont propres à donner un contenu concret à la notion tellement indéfinie d'intérêt de l'enfant, par la connaissance d'éléments de fait palpables et contradictoirement évoqués.

'Retour du refoulé'

Quoiqu'il en soit, la 'purge des affects conjugaux', supposée résulter de la prohibition légale, ne se décrète pas.

Force est de reconnaitre qu'en pratique, malgré la prohibition législative, les affects négatifs vont toujours bon train et continuent d'agiter les contentieux du divorce, post-divorce ou de liquidation de régime matrimonial.

Se pose d'ailleurs sérieusement la question de savoir si la persistance toujours étonnante d'une conflictualité à vif dans tous les contentieux post-divorce ne proviendrait pas précisément de l'interdiction faite aux justiciables, dès le début de la procédure de divorce, de pouvoir raconter au juge toute l'injustice ressentie par cette séparation, serait-elle devenue inéluctable, au moment précisément où celui-ci s'apprête à trancher des questions touchant à leur vie intime et familiale.

Et la disparition de l'audience de conciliation décidée par le législateur, qui supprime l'obligation pour les parties d'être présentes à l'audience et d'assister à ces débats judiciaires aux enjeux majeurs pour elles, ne va assurément pas dans le sens préconisé ici et renforce tout au contraire cette vision cloisonnée qui modèle l'approche du contentieux familial telle que voulue par le législateur.

La fixation des mesures provisoires est, rappelons-le, LE moment du divorce où sentiments d'injustice et conflictualité sont à leur pic.

Il s'ensuit qu'en prohibant tout exposé des motifs et causes de la séparation, c'est-à-dire des choses qui fâchent, dès le départ de la procédure, l'on impose aux justiciables le refoulement de toute la charge conflictuelle que leur occasionne le conflit, à un moment où ils nourrissent l'espoir légitime d'être un tant soit peu entendus.

C'est oublier un peu vite qu'une audience judiciaire opère auprès des justiciables comme une décharge des tensions en raison de l'autorité prêtée au juge et à la décision qu'il va prendre. Et d'une certaine manière, l'on est tenté de dire que le sens dans lequel la décision sera rendue pourrait importer moins que le fait d'être entendu et compris par l'autorité en charge « *de dire le droit* ».

La dénégation du sentiment d'injustice éprouvé par les parties, justifié ou non sur le fond, n'est pas sans renvoyer aux mécanismes du refoulement sur lesquels les psychologues ont, de longue date, pointé l'existence, à travers notamment la notion de '*retour du refoulé*' qui insiste sur le caractère indestructible des éléments refoulés et sur leur réapparition sous des formes déformées, moyennant même parfois un « *renforcement de la poussée pulsionnelle* ».[27]

Ainsi, à ignorer d'emblée cette charge conflictuelle et à réprimer les affects négatifs qui la nourrissent, sans jamais explorer les voies et moyens de leur accès à la justice sous des formes acceptables, l'on prend le risque de les voir réapparaitre par la suite dans l'engagement réitératif et tous azimuts de procédures de substitution.

L'on pense en particulier aux interminables procès de liquidation de régimes matrimoniaux qui, au-delà de leur technicité et complexité, s'originent le plus souvent dans une procédure de divorce (qu'il s'agisse d'un divorce sans énonciation des griefs, ou résultant de l'acceptation du principe de la rupture du mariage ou d'un divorce sur consentement mutuel quelque peu ambivalent et trop rapidement réglé ou d'un divorce pour faute finalement transigé à la hâte) qui n'a malheureusement pas été l'occasion qu'elle aurait sans doute pu ou dû être, d'une explication judiciaire entre époux propre à catalyser le dénouement de leur conflit primaire.

A cette occasion manquée d'une explication judiciaire dès le départ de la procédure de divorce, dont la prohibition légale est assurément la cause, les parties frustrées s'efforcent, en désespoir de cause, de donner une 'seconde

---

[27] (Cf. Laplanche et Pontalis Vocabulaire de la Psychanalyse P.U.F)

chance' de résoudre/liquider en tout ou partie leur conflit refoulé, par le biais détourné de contestations systématiques, pour ne pas dire compulsives, lors notamment des contentieux de liquidation de régime matrimonial à travers lesquels les ex-époux procèdent à des comptes d'apothicaires, exposent toutes les contributions (ou sur-contributions) aux charges du mariage qu'ils ont assumés, refont leurs comptes quant aux dettes qu'ils se doivent réciproquement, traquent les récompenses dues par la communauté dix ou vingt ans auparavant...

Impossible de ne pas imaginer que ces énergies déployées dans l'après-coup du divorce au travers de ces interminables contentieux techniques portent la marque de divorces faussement amiables : divorce sans énonciation des griefs, divorce sur consentement mutuel judiciaire ou extra-judiciaire, divorce demandé par l'un et accepté par l'autre, divorce pour altération du lien conjugal..., autant de procédures qui ont peut-être manqué d'offrir un débouché à une conflictualité ignorée, jugée honteuse ou culpabilisante et restée finalement à l'état latent et inélaborée...

D'une manière générale, l'on peut dire que cette première audience des mesures provisoires, est non seulement vécue par les protagonistes comme une expérience frustrante où l'essentiel n'a pas pu être dit, mais est source de doutes pour ne pas dire de suspicions quant à ce qui fait la décision du juge familial, c'est-à-dire quant à la réalité des éléments de fond retenus par lui comme pertinents.

Il doit être bien clair que la conflictualité, à son paroxysme lors de cette première étape du divorce, n'est pas pur affrontement d'affects sans correspondance avec la réalité ; des faits de rupture, fautifs et préjudiciables, existent bel et bien et sont à déchiffrer et à qualifier comme tel, en tant notamment qu'ils sont, ici et là, source de réelles complications financières ou de vraies souffrances morales et psychiques et à ce titre légitimement susceptibles d'avoir une incidence sur la solution judiciaire.

S'il n'appartient pas à la justice de prendre en charge les souffrances psychiques, il lui revient néanmoins d'en appréhender la réalité et les causes éventuelles pour les besoins de son délibéré.

Et c'est la mission des avocats que de transmuter la violence des affects de leurs clients, qui n'a pas, par principe, sa place dans les prétoires, sous forme d'écritures judiciaires pouvant inclure un développement concis des causes alléguées de la séparation propre à faire accéder le juge à une compréhension élargie du litige, c'est-à-dire à sa dimension proprement conflictuelle.

Ce récit judiciairement admissible de l'histoire contentieuse n'est pas là seulement pour rassurer les justiciables sur le fait purement formel que la justice les auraient entendus ; ce récit importe car il est inextricablement lié aux demandes des parties au divorce ; il a partie liée aux enjeux du litige.

Il se pourrait bien qu'en empêchant cette transmutation salutaire des affects négatifs en récit, la loi ait condamné le juge familial à subir, au cours de cette première étape, le retour du refoulé des protagonistes sous forme d'interventions intempestives et inopinées des parties elles-mêmes, de provocations ou de diversions lesquelles semblent, à bien y réfléchir, n'avoir pour seul objectif que de faire revenir sur le devant de la scène les enjeux occultés du conflit sous un jour déformé, avec parfois la conséquence fâcheuse de réduire l'office du juge à la police de l'audience et au recadrage des parties.

Temps du divorce : le faux argument du différé de traitement de la conflictualité

La loi laisse entendre que ce sera dans le cadre exclusif de la procédure au fond, ou lors de l'établissement des conclusions au fond dans la nouvelle loi, c'est-à-dire après que le juge familial aura rendu son Ordonnance sur les mesures provisoires (OMP), que les époux pourront, si cela leur chante, narrer leur histoire conflictuelle, 'régler leurs comptes' et obtenir un jugement réparant, le cas échéant, l'injustice vécue.

Autant dire que le différé de l'évocation des causes et griefs du divorce imposé d'autorité n'est pas seulement frustrant pour le justiciable mais également dissuasif et décourageant.

En effet, à quoi bon revenir, pour un justiciable, sur des évènements qu'il aura ruminés en vain pendant près de 2 ans, alors qu'il serait enfin sur le point de se réorganiser intérieurement sur le plan personnel et psychologique ?

Ce différé est en fait compris par lui comme une fin de non-recevoir opposée par l'institution judiciaire à toute revendication portant sur les griefs allégués et parfois même considéré comme un déni de justice.

L'audience de conciliation ou l'audience de fixation des mesures provisoires dans la nouvelle loi, est LE vrai moment du divorce. Elle est le point-pivot d'un avant et d'un après.

Lorsque la première Ordonnance du juge familial tranche les points cruciaux de la séparation et que les époux en exécutent le dispositif durant des mois sinon des années, s'institue *de facto*, entre eux, un nouvel ordre familial dont ils comprennent qu'il ne sera pas « *provisoire* » car difficile à remettre en cause, en appel ou au fond.

En effet, comme évoqué précédemment, les mesures soi-disant « provisoires » au sens du droit, ont, dans la réalité des faits, un effet quasi-définitif, instituant une sorte de précédent qui, en pratique, oblige le juge du fond du divorce.

Après deux années d'une souvent difficile reconstruction personnelle, la défense de cet intérêt moral et personnel est donc logiquement délaissée par les époux, confortés qu'ils peuvent être par l'idée que la justice n'a pas vocation à s'intéresser aux significations morales impliquées dans la rupture de leur lien matrimonial, ni davantage aux préjudices qui en découleraient et donc qu'il est de bon ton de les assumer individuellement plutôt que les déférer à son appréciation.

Conclusion, en renvoyant exclusivement à la juridiction en charge du fond du divorce l'examen de l'histoire litigieuse et des griefs, le législateur non seulement prive le juge des mesures provisoires de la possibilité de statuer connaissance prise du contexte conflictuel, mais dissuade les parties de poursuivre leur demande en divorce pour faute ou en dommages-intérêts, ces dernières n'y voyant qu'un combat réchauffé et inutile, les questions litigieuses essentielles (relatives à la fixation du lieu de résidence des enfants ou à l'attribution du domicile familial, etc.) ayant déjà été tranchées et exécutées depuis plus d'un an.

Ainsi, dans la réalité des faits, le différé du « traitement » judiciaire de la conflictualité dans le divorce n'a finalement pas vraiment lieu. Et ce sont les parties qui, dans l'après-coup du divorce, se chargeront de fournir à leur conflictualité refoulée des occasions d'expression, à travers toutes sortes de litiges post-divorce, souvent mineurs, mais auxquels les parties confèrent une importance démesurée.

En évacuant, dès le départ de la procédure de divorce, tout traitement de la conflictualité, le législateur laisse ouvertes et sans réponse bon nombre de problématiques résultant notamment de l'obligation faite aux juges de rendre des décisions hors sol en méconnaissance de l'histoire conflictuelle, sans donc pouvoir appréhender ce qu'il en est de l'intérêt des enfants faute d'accéder à l'histoire familiale.

2 - La promotion de l'intérêt supérieur de l'enfant

Tout comme l'interdiction d'évoquer les griefs lors de la 1ère audience du divorce, la promotion de l'intérêt supérieur de l'enfant contribue à l'objectif de dé-conflictualisation des litiges conjugaux.

D'emblée, rappelons combien est positive la prise en compte de la notion d'intérêt supérieur de l'enfant dans les procédures de divorce, non seulement pour la valeur en soi de l'enfant qu'elle promeut, mais plus précisément en tant qu'elle est propre à détacher l'enfant du conflit conjugal et à préserver son intégrité morale, psychologique ou matérielle.

Il est vrai qu'en pareille matière, les futurs divorcés sont souvent très occupés à gérer, comme ils le peuvent, leur séparation et les affectifs négatifs dont ils sont le siège, au risque parfois de se comporter mal vis-à-vis de leurs enfants.

Ainsi, la priorité clairement énoncée de préserver l'intérêt de l'enfant a cet effet heureux de l'arracher à cette conflictualité primaire des parents avec le mot d'ordre suivant : si ceux-là ne parviennent plus à vivre ensemble ni même à coexister, c'est leur affaire, mais l'enfant ne saurait en pâtir, peu important donc les causes et motifs de leur séparation ; seul l'intérêt des enfants oblige.

Dit autrement, l'intérêt de l'enfant a sens et fonction de décentrer l'objet du litige focalisé sur les déchirements du couple pour orienter le regard des futurs divorcés sur leur(s) enfant(s) victime(s) directe(s) ou indirecte(s) de l'éclatement du foyer, visée fondatrice infiniment louable qui déplace le point focal du contentieux conjugal sur les enfants.

Ainsi, entre conflictualité parentale et intérêt des enfants, le choix est fait et cela est bien ainsi.

L'intérêt de l'enfant : un outil de gestion 'juridico-clinique'

En pratique, les juges familiaux ne s'y sont pas trompés et utilisent cette notion d'intérêt de l'enfant comme un outil de gestion 'juridico-clinique' à l'attention des futurs divorcés lors des audiences familiales, en le brandissant comme un absolu destiné à contraindre un parent à relativiser ses revendications absolutistes de voir fixer la résidence de l'enfant à son domicile.

Empêtrés qu'ils sont dans des demandes qui ressortissent à la vie sensible et intime des justiciables et qu'ils ont bien du mal à se reconnaitre légitimes à trancher, leur statut leur conférerait-il toute autorité à cet égard, les juges familiaux se retranchent volontiers derrière l'intérêt de l'enfant, pour en faire un outil juridico-moral propre à repousser la pression que ne manquent pas d'exercer sans relâche, ces parents hantés par le désir légitime d'avoir leur enfant avec eux, en leur opposant, sans trop d'états d'âme, le principe d'intérêt supérieur de l'enfant.

Ainsi, le recours à ce concept juridiquement consacré leur sert-il de levier pour se sortir de l'ornière dans lequel les met d'une certaine manière leur office, en tentant d'arracher les parents-demandeurs à cette conflictualité primaire si peu propice à enrichir leur délibéré, pour exiger d'eux un débat contradictoire constructif, où affects maternels et paternels et désirs d'enfant se doivent de trouver leur place sans nuire à une compréhension objectivée de la situation.

En somme, la nécessité légale de réserver un espace de débat autour de l'enfant et de son intérêt supérieur, remplit dans les faits une fonction formelle essentielle à savoir : possibiliser, autant qu'il est possible, un débat raisonné et raisonnable autour de la question infiniment litigieuse de la fixation de la résidence de l'enfant.

A cet égard la mise à distance du désir des parents et de la conflictualité qu'il implique est, sur le plan des principes, justifiée.

Sur le fond, la notion d'intérêt de l'enfant est peu opérante

Reste que sur le fond, le concept d'intérêt de l'enfant, indéfini, laisse le champ libre à toutes les interprétations ou à tous les préjugés quant à ce que pourrait être, devrait être, en général ou en particulier, l'intérêt de l'enfant ; et ce défaut de définition touche plus que jamais à ses limites lorsque chacun des parents s'avèrent aussi aptes l'un que l'autre à voir fixée la résidence de l'enfant à son domicile, configuration aujourd'hui de plus en plus fréquente…

En outre, la notion elle-même « d'intérêt de l'enfant » est peu opérante ; elle présuppose l'existence d'un *intérêt en soi* de l'enfant, anhistorique et détachable du récit familial, d'un intérêt qui serait à rechercher en dehors des liens tissés avec les autres membres du foyer et singulièrement avec les parents, donc à rechercher ailleurs que dans l'histoire familiale.

Mais en fait, d'ailleurs, il n'y a pas, l'intérêt d'un enfant ne trouvant à se définir qu'à partir d'un ensemble de liens tissés au sein de sa famille, en particulier avec ses deux parents.

Si l'on doit s'y référer, la notion vague et abstraite d'intérêt de l'enfant nous laisse sans indication aucune, ce qui est régulièrement dénoncé : « *une notion à contenu variable* », « *ambivalente* », « *une formule magique* », « *un concept mou propre à favoriser l'arbitraire du juge familial* », etc. [28]

L'indéfini de ce concept ne lui permet pas de jouer le rôle dévolu à tout concept juridique de repère fiable propre à orienter les acteurs et à les aider à en déterminer le contenu au gré des occurrences, d'où le risque pour le juge de procéder à des qualifications arbitraires.

La matière est donc le royaume de l'interprétation des faits, ce qui ne rend pas l'intervention du juge moins légitime mais n'est pas sans poser un problème dès lors que celui-ci dispose en la matière d'un pouvoir quasi discrétionnaire de qualification et d'interprétation des faits, sans cadrage juridique véritable, si ce n'est d'avoir en vue l'intérêt de l'enfant, dont on sait qu'il peine à résumer, à lui seul, le tableau clinique de toute une histoire familiale.

Il faut se rendre à l'évidence : la légitimité de ce pouvoir exorbitant de qualification des faits de la juridiction familiale serait moins sujette à interrogation si celle-ci était, d'emblée, saisie d'une brève histoire du conflit conjugal.

Conclusion

En définitive, la double exigence imposée par le législateur consistant d'une part à priver le juge de la possibilité de se représenter l'histoire du conflit conjugal et d'autre part à exiger qu'il se focalise sur l'intérêt de l'enfant en dehors de tout récit familial, ne laisse pas grand-chose à la juridiction familiale pour alimenter son délibéré sur les mesures provisoires.

L'on n'insistera jamais assez sur le fait que la fixation du domicile des enfants et/ou l'attribution du domicile

---

[28] Sauf cas avéré de maltraitance où la sécurité physique et morale de l'enfant commande son éloignement d'un parent ou du foyer familial et où un intérêt en soi de l'enfant, détachable de celui de ses parents, est identifiable.

conjugal à l'un ou l'autre des parents, sont des décisions aux effets considérables que le juge des mesures provisoires ne peut sérieusement prétendre prendre au seul vu de données objectives comme le montant des revenus des parents, l'âge des enfants, le montant des frais et charges à couvrir ou la consistance du domicile conjugal, etc.

En d'autres termes, il ne faudrait pas que le rejet de la dimension conflictuelle du litige et la notion d'intérêt supérieur de l'enfant ne soient que prétextes formels à usage de l'institution judiciaire pour feindre d'ignorer la charge conflictuelle des parents et ne rien entendre de leur conflit sous-jacent bien souvent propre à nourrir leur délibéré.

II – Salut de la justice familiale : Réhabilitation du contexte historico-conflictuel

1 - La nécessaire admission de récits concis et circonstanciés de la vie du couple

Pour échapper au déni d'une justice raisonnée et faute de critère objectivement concluant pour statuer sur la résidence des enfants, la justice familiale doit, selon nous, trouver son salut dans l'admission, dans les débats judiciaires, de brefs récits historiques et circonstanciés de la vie du couple, de la famille et donc de l'histoire du conflit.

De tels récits, concis, efficaces et rédigés par les avocats pour traduire au plus près la représentation que se font leurs clients de la situation conflictuelle, pointeraient, ici et là, les 'bonnes' raisons supposées de fixer la résidence de l'enfant chez l'un plutôt que chez l'autre, en arguant de tel aspect saillant et évocateur de l'histoire contentieuse, de ses contours singuliers, de son équilibre ou déséquilibre propre, ou encore de l'évolution récente des rapports intrafamiliaux, etc…

Admettre dans les débats, dès le départ de la procédure de divorce, un tel récit est, à notre sens, le seul et 'vrai' moyen de sortir de l'impasse dans laquelle le juge familial se trouve, en lui donnant l'occasion de mobiliser son attention sur la dynamique du couple et de la vie familiale construite dans son sillage, ainsi que sur les ressorts de sa rupture.

Ces données de l'histoire du couple seraient à prendre pour ce qu'elles sont, à savoir des données factuelles à vocation informative ; elles n'auraient pas, à proprement parler, de visée officiellement concluante quant à la décision à rendre, mais une visée au mieux explicative de l'enchainement des faits et de l'histoire.

On l'a dit, l'état actuel du droit de la famille est à l'opposé d'une telle ambition de redonner des couleurs à l'histoire du couple et de la famille ainsi qu'aux motifs de la séparation, le législateur ayant banni leur évocation, lors de l'audience des mesures provisoires, avec comme objectif de bouter hors du champ judiciaire la conflictualité sous-jacente des litiges familiaux.

Mais impossible de rester impassible devant l'évocation par un époux des causes et motifs de séparation de son couple qui, au-delà d'une certaine empathie, sont autant d'éléments constitutifs et explicatifs du contexte dans lequel le foyer familial a pris fin.

Nulle intention ici de remettre en cause la nécessaire clarification des problématiques du divorce et notamment la dissociation salutaire entre questions litigieuses à finalité organisationnelle procédant objectivement de la séparation et dimension historico-contentieuse des griefs.

Pour autant vouloir traiter ces deux aspects de manière radicalement dissociée, c'est-à-dire dans le cadre de deux procédures différentes et successives, la 1ère audience des mesures provisoires pour les questions 'organisationnelles' et le procédure au fond pour les griefs, est un artifice trompeur, alors que la fixation des mesures provisoires a peu ou prou rapport avec les griefs.

Reconnaitre l'éventuelle interaction et interdépendance des premières avec les seconds n'implique nullement d'établir une causalité automatique entre eux, mais suggère simplement que des liens sont susceptibles d'être établis entre griefs et mesures provisoires.

Feindre d'ignorer la réalité historique de la séparation telle que vécue par les parties n'est pas tenable dès lors que tous les aspects sensibles de la séparation participent d'une histoire globale qu'il importe et incombe au juge de connaitre ou à tout le moins de saisir intuitivement, pour la raison que la façon dont chaque époux opère, vit et perçoit la séparation, qu'il l'ait voulue, la refuse ou la juge inéluctable, est susceptible d'influer sur sa décision.

En fait comme en droit, les avocats, à l'exact opposé de la prohibition légale, devraient être encouragés à exposer une version concise de l'histoire contentieuse telle que leur client se la figure, dans la perspective bien comprise d'aider le magistrat à se construire une représentation plus affinée du conflit à l'origine du litige et donc à statuer plus efficacement sur ces questions litigieuses si délicates à trancher.

La connaissance par le juge familial des versions contradictoires du contexte contentieux fera que son ordonnance, plutôt qu'un ordre tombé d'en haut, sera non seulement plus pertinente et plus adaptée mais surtout perçue et comprise par les justiciables comme une décision rendue en 'connaissance de cause' d'un contexte conjugal et familial, et cela n'est pas rien.

Plutôt que de maintenir l'interdiction légale et cantonner les avocats à plaider sur les mesures provisoires dans le cadre réducteur d'une problématique fonctionnaliste hors de toute dimension historico-contentieuse, mieux vaudrait favoriser l'évocation d'un bref récit sur les causes et motifs de la rupture.

Les deux versions contradictoires d'un tel récit consisteraient en des exposés subjectifs assumés des traits saillants de la vie conjugale et familiale, auxquels le juge familial ne pourrait manquer de se référer en tant qu'ils sont susceptibles d'alimenter utilement son délibéré d'éléments contextuels caractérisant la manière dont chaque conjoint est positionné par rapport à la séparation et la représentation qu'il s'en fait, tout comme les raisons justificatives de sa volonté (ou refus) de se séparer.

Il est d'ailleurs symptomatique que cette prohibition légale s'impose aux justiciables au moment le plus critique de leur séparation, c'est-à-dire au moment où la justice s'apprête à trancher ces questions infiniment sensibles que sont l'attribution du domicile conjugal, l'expulsion corrélative d'un époux ou la fixation du lieu de résidence des enfants.

Ainsi, les avocats devraient-ils faire l'impasse sur les causes et motifs de la séparation de leurs clients au moment même où ceux-ci en subissent de plein fouet les effets…

Cette politique judiciaire s'inscrit donc dans une perspective à contretemps assumée de la temporalité du divorce et postule que la juridiction familiale n'a pas à se laisser embarquer dans des considérations historico-moralo-psychoaffectives étrangères à son domaine d'intervention, alors pourtant que celles-ci sont susceptibles d'y peser de tout leur poids.

Observons que l'approche juridico-clinique suggérée ici, par la réintroduction de la dimension historico-contentieuse qu'elle préconise, n'a ni vocation à reprendre l'histoire des parties au premier jour de leur mariage, ni à 'moraliser' le débat judiciaire, ni davantage d'ailleurs à le 'psychologiser'[29].

---

[29] Voir infra § : « *La démarche juridico-clinique n'est pas morale* »

Elle voudrait seulement garantir que le juge familial ait bien accès, via les écritures contradictoires des avocats, non pas seulement à une présentation formelle du droit et à des exposés banalisés et aplatis des faits de l'espèce, mais également et surtout à des versions synthétiques de l'enchainement causal des faits litigieux et à un aperçu des considérations morales ou psychologiques qui les sous-tendent, pour leur valeur principalement informative et éventuellement explicative et non pour leur valeur supposément concluante ou justificative en droit.

2 - La démarche juridico-clinique n'est pas morale

Il peut apparaitre malaisé, de prime abord, de distinguer l'approche juridico-clinique préconisée ici d'une approche morale en ce sens que toutes deux se prêtent bien à une scrutation de l'histoire litigieuse et notamment de l'enchainement causal des faits litigieux. Mais la ressemblance s'arrête là.

D'un côté, l'approche morale examine l'histoire contentieuse dans la perspective ultime de porter un jugement d'ordre moral, de l'autre l'approche juridico-clinique se fixe plus simplement comme objectif d'appréhender au plus près la dynamique familiale, de la rendre intelligible en relevant par exemple la qualité de l'investissement de chaque parent à l'égard des enfants, l'importance et les significations pour chaque parent de son investissement professionnel, etc., dans la seule perspective d'appréhender et comprendre tout bien considéré la situation litigieuse.

Ni visée morale, ni recours à une règle morale non consacrée par le droit ne viennent interférer dans cette démarche d'observation clinique et de prise de connaissance des éléments de fait.

Perspective morale que nul n'a d'ailleurs le souhait d'endosser aujourd'hui tant il apparait évident qu'elle ne saurait résumer la question du divorce, et loin de là si l'on songe que toute une dimension psychologique et parfois pathologique du conflit, indémêlable en elle-même des vrais enjeux, peut y peser de tout son poids sans que quiconque puisse vraiment dire le pourquoi du comment.

Prenons le cas d'un homme qui envisage de « refaire sa vie » et veut divorcer : il réclame que la résidence des enfants soit fixée chez lui à titre principal. On devine déjà le contentieux. Son épouse, de son côté, a toujours investi la vie familiale et s'est historiquement beaucoup occupée des enfants renonçant pour ce qui la concerne à une activité professionnelle trop prenante. L'affrontement est inévitable.

Qui du père ou de la mère doit avoir la résidence de l'enfant chez lui ?

A donner la faveur à la revendication du père dans le contexte esquissé, l'on s'expose nul doute à un effet désastreux : privée de mari, l'épouse sera également privée de ses enfants et de la possibilité de poursuivre son investissement familial de toujours. La balance de la justice penche du mauvais côté.

Son mari parait pourtant apte à s'occuper des enfants, épaulé qu'il est par sa nouvelle compagne apparemment bien disposée à l'égard des enfants… L'affrontement est total.

Mais en pratique, le juge familial pourrait bien, dans une telle configuration, vouloir fixer la résidence des enfants chez la mère au motif principal qu'il semble juste de leur permettre de conserver le bénéfice de la relation que leur mère a toujours su entretenir avec eux, et ce dans le parfait respect du critère légal de l'intérêt des enfants, et au motif secondaire qu'une telle décision permettrait à la mère de poursuivre son investissement familial de toujours, critère d'appréciation plus clinique mais non moins pertinent qui se trouve, en l'espèce, coïncider avec le critère légal : il est à la fois dans l'intérêt des enfants et dans l'intérêt de leur mère que celle-ci poursuive son investissement familial de toujours.

Où l'on voit que l'intérêt de l'enfant interagit avec celui des parents ou de l'un d'eux, et donc qu'une promotion unilatérale et monolithique de l'intérêt de l'enfant simplifie outrancièrement la représentation d'une histoire familiale et ignore l'observation clinique selon laquelle la relation mère-enfant par définition réciproque profite aussi bien à la mère qu'à l'enfant.

Ainsi, la décision finale du juge familial reposerait ici sur une appréciation tout bien considéré de la configuration du litige/conflit et de son tableau clinique, elle-même fondée sur une connaissance des causes et conditions de la séparation propre à permettre d'évaluer l'importance de l'investissement de chaque parent au cours de la vie familiale.

L'évocation de l'histoire contentieuse ne vise pas ici à porter un jugement de condamnation morale sur le comportement erratique de l'un des époux, mais à établir, aussi objectivement que possible, que son investissement familial apparait, au travers de cette évocation, moins convaincant, moins assuré ou plus ambivalent que celui de son épouse dont la constance dans les engagements familiaux et conjugaux semble avérée et propre à préserver l'intérêt des enfants et à leur garantir une certaine stabilité tant sur le plan scolaire qu'affectif, nonobstant la dislocation du foyer.

Et si l'infidélité du mari, tout comme sa volonté de divorcer, ne prouve en rien son inconstance vis-à-vis des enfants ni n'implique une quelconque indignité à les avoir avec lui, elle pourrait le cas échéant signifier, à un niveau élémentaire d'analyse, que la préservation du foyer familial qu'il a contribué à créer avec son épouse, n'est plus, pour lui, une valeur aussi importante à poursuivre.

Ici, « fautes », « causes » et « motifs » de la séparation, si redoutées par le législateur du fait de leur nature potentiellement hautement conflictuelle et dont l'évocation a été prohibée dès le départ de la procédure, sont à considérer pour ce qu'elles sont, c'est-à-dire non pas comme des critères moraux à valeur décisoire, mais en tant qu'elles sont des données de fait significatives ou symptomatiques, susceptibles de donner sens à une histoire familiale qui s'achève et de faire justice à la réalité des investissements des protagonistes et donc propres à favoriser l'élaboration d'une solution respectueuse de l'histoire passée.

Cette approche juridico-clinique est d'autant plus nécessaire que le droit familial ne propose aucune direction ni aucune orientation précise quant aux critères à appliquer pour statuer sur des questions aussi essentielles que la fixation du droit de visite et d'hébergement ou l'attribution du logement familial.

3 - Conclusion sur la nécessaire réhabilitation de l'histoire litigieuse

Si, d'un côté, la loi (*prémisse majeure*) ne donne aucune indication précise sur les faits opératoires de la règle de droit (en dehors de l'intérêt supérieur de l'enfant dont on a vu qu'il n'encadre aucunement le parcours opératoire du juge) et si, de l'autre, les faits de l'espèce sont amputés de tout développement sur le contexte conflictuel de la séparation (*prémisse mineure*), impossible de se figurer comment la juridiction familiale a opéré et justifié la connexion entre le droit et les faits (*conclusion*).

De ce qui précède, l'on peut conclure, sans trop s'avancer, que la justification des Ordonnances familiales quant aux mesures provisoires repose sur des bases bien fragiles.

A notre sens, seul un droit reconnu aux parties d'aborder, dès le départ de la procédure, la dimension historico-conflictuelle de leur litige permettra à la juridiction familiale de combler le vide abandonné à sa totale discrétion en donnant un contenu concret au concept d'intérêt supérieur de l'enfant.

La dimension historico-contentieuse des litiges familiaux se doit de (re)trouver la place légitime qui lui revient dans le parcours opératoire des juges et des avocats en charge des contentieux familiaux, celle-ci devrait-elle être dûment circonscrite et conditionnée.

Cette recommandation, qui présuppose de se tenir prudemment à l'écart de toute tentation de moralisation du contentieux familial ou de toute recherche d'un salut théologico-moral plus ou moins avouée, entend seulement militer en faveur d'une approche 'juridico-clinique' propre à resserrer le terrain grand ouvert de l'interprétation des faits dans le contentieux des mesures provisoires.

Elle voudrait ainsi autoriser une exposition concise des visions contradictoires du conflit conjugal de sorte que le juge des mesures provisoires soit mis en capacité de se situer, l'espace d'un instant, *« au chevet »*[30] des protagonistes pour trancher en connaissance de cause et arrêter au mieux ce qu'il en est de l'intérêt de l'enfant dans ces configurations conflictuelles et dérangeantes qui présupposent de la part des acteurs capacité d'observation clinique et discernement.

---

[30] Une approche dite « *clinique* » implique, étymologiquement, pour l'intervenant de se situer au chevet du client/patient.

CHAPITRE 6

MEDIATION, PERTINENCE ET LIMITES

Introduction

La médiation est un mode alternatif de résolution des différends (M.A.R.D) procédant d'une démarche spécifique qui consiste, pour le médiateur, à se laisser saisir par la dimension conflictuelle qui travaille, de manière sous-jacente, les litiges au-delà de leur nature à proprement parler juridique.

C'est bien le propre de la démarche du médiateur que de s'autoriser à appréhender, dans une mesure qui reste à définir, les litiges dans leur dynamique conflictuelle sous-jacente, à la différence du juge contraint, institutionnellement, de trancher les litiges *sub ratione juris*. [31]

Ce mode de résolution des litiges par accession à leur dimension conflictuelle, constitue assurément, une alternative « *complétive, originale et spécifique* » au dispositif judiciaire classique de résolution des contentieux.[32]

---

[31] Il y aurait naturellement beaucoup à dire sur la rationalité juridique et sur la place considérable qu'y occupe la qualification des faits et l'interprétation du droit lesquelles relèvent plus du paradigme de l'argumentation que de celui de la démonstration à proprement parler.

[32] RTD Civ. 2003 p. 409 La médiation dans le procès civil : sens et contre sens « Essai de mise en perspective du conflit et du litige ». Béatrice Gorchs.

Un système de droit toujours plus élaboré qui n'épuise jamais le contentieux.

La médiation est d'autant plus la bienvenue que malgré le niveau inégalé de sophistication de notre système judiciaire qui, chaque jour, développe des solutions de fond légales et jurisprudentielles toujours plus élaborées et accessibles, celui-ci ne parvient pas à dissuader les justiciables d'engager des actions contentieuses en justice.[33]

A première vue pourtant, plus les juges parviennent à quadriller les réalités contentieuses au travers de leurs nombreuses décisions, plus les litiges devraient être prévisibles dans leur issue pour les justiciables et donc se régler à l'amiable par simple référence à ces précédents.

Mais force est de constater que malgré cette prévisibilité sans cesse accrue des solutions judiciaires[34], l'activité contentieuse ne se dément pas.

C'est devant l'évidence de ce constat paradoxal et du coût qu'il engendre pour la justice, que le recours à la médiation s'est développé, afin de sortir, autant que possible, les contentieux de l'orbite judiciaire.

---

[33] L'on pourrait même se demander si le haut degré de sophistication du système ne serait pas de nature à générer, par lui-même, du contentieux supplémentaire ; en effet, la prise en compte de la singularité de chaque occurrence litigieuse donnant lieu à l'élaboration de nouvelles jurisprudences publiées pourrait bien être de nature à susciter, à leur tour, de nouvelles occasions de contentieux pour de potentiels justiciables décidés à tenter leur chance devant les tribunaux, alors qu'un droit plus indéterminé et flou peut avoir un effet dissuasif… D'une certaine manière, plus le droit quadrille la réalité et plus les justiciables sont peut-être tentés de faire coïncider leur situation litigieuse avec le droit…

[34] Point n'est besoin ici d'insister sur la facilité d'accès au droit et à toutes les jurisprudences les plus récentes, grâce aux nouvelles technologies qui ont révolutionné la connaissance du droit et démocratisé l'accès à la justice.

Il est légitime d'interroger ce paradoxe apparent de l'impuissance du système de droit positif à convaincre les justiciables de conclure des accords amiables et d'éviter la saisine des juges malgré le haut niveau de précision de ses règles.

Très concrètement, aussi fines que soient les mailles des filets jurisprudentiels, la détermination d'un justiciable puissamment motivé par un sentiment d'injustice supposée ou le désir d'en découdre avec un adversaire prétendument à l'origine de ses déboires, finit toujours par se faufiler à travers les mailles et trouver une ligne argumentative, une ligne de crête, un îlot jurisprudentiel ou une exception à faire valoir, pour donner une assise *a priori* légitime à sa revendication.

Ne changeront rien à cet état de fait ni la multiplication des lois et décrets ni les jurisprudences de la Cour de cassation et des Cours d'appel qui pourtant procèdent chaque jour à des distinguos toujours plus subtils (en particulier en droit du travail où la création jurisprudentielle a été considérable au cours des dernières décennies).

La conclusion est donc bien qu'un système judiciaire ne parvient jamais à circonvenir *a priori* la conflictualité des justiciables, sauf à croire naïvement que ceux-ci, pris dans les rets d'un contentieux qui les obsède, seraient naturellement tout disposés à régler leur litige rationnellement par application des règles de droit positif.

Mais une telle croyance, hypothétique, est erronée non seulement parce qu'elle relève d'une vision technocratique et rationaliste de la résolution des litiges ignorante des virtualités interprétatives que recèlent les faits de l'espèce et le droit applicable, mais surtout parce qu'elle ignore toute la problématique de la conflictualité et ses inépuisables ressources pour interpréter et réinterpréter, à bon ou mauvais escient, les faits et le droit.

Si le haut degré de sophistication du système juridique ne parvient à dissuader *a priori* tous les plaideurs de faire valoir leur mérite en justice et d'employer toute leur énergie à spécifier, personnaliser et individualiser leur cas particulier pour obtenir justice, c'est donc que pour les irréductibles, la résolution du litige se situe au-delà de ce que propose le système.

De la même manière, quand bien même les avocats offriraient à leurs clients, après analyse du dossier, des modalités amiables de règlement de leurs litiges très raisonnables et opportunes, reste que la conflictualité latente et l'ingéniosité mobilisée par certains plaideurs, procéduriers ou quérulents, parviendront toujours à fonder un refus de l'amiable, dussent-ils avoir recours à des qualifications ou interprétations éloignées de la jurisprudence ou du sens commun.

Force est donc de constater qu'il nous faut aller y voir du côté du conflit qui couve sous le litige, c'est-à-dire du côté de ces considérants qui opèrent souterrainement chez le justiciable et font obstruction à sa résolution.

Conclusion : la posture conflictuelle du justiciable qui s'arcboute à sa contestation constitue pour le système judiciaire, aussi élaboré soit-il, une difficulté aporétique qui oblige ce dernier à rechercher, en dehors de lui, les raisons de cette problématique.

C'est ainsi que s'est imposée aux professionnels du contentieux la nécessité d'étendre leur réflexion à cette dimension conflictuelle qui anime et vectorise les litiges.

Et assez naturellement, c'est la figure du médiateur, dont la spécificité de l'intervention est bien d'aborder le litige dans sa dimension élargie au conflit, qui s'est imposée.

C'est ce qu'a parfaitement compris l'institution judiciaire qui, aujourd'hui, prône quasi systématiquement le recours à la médiation, parfois cependant, pour des raisons discutables qui tiennent à ses contraintes budgétaires.

C'est également ce que comprennent les avocats qui, face à des litiges qui s'annoncent interminables et par trop marqués par des problématiques extra-juridiques qui outrepassent le cadre juridico-judiciaire de leur intervention et nuisent à la recherche de solutions amiables raisonnables, suggèrent régulièrement le recours à la médiation.

C'est la spécificité de la médiation que d'aborder directement ou indirectement le litige dans sa dimension proprement conflictuelle.

En opérant la distinction entre litige et conflit dans le cadre de son article sur la médiation, Béatrice GORCHS nous donne l'occasion de confirmer, dans la perspective adoptée ici, que la médiation s'entend d'une démarche originale propre à appréhender, si besoin, le litige dans sa dynamique conflictuelle sous-jacente à laquelle le médiateur, à la différence du juge, assumera, le cas échéant, de donner toute sa place avec toutes ses dimensions et significations associées.

C'est bien ainsi que doit être comprise et entendue la mission du médiateur, à savoir comme un mode de résolution du litige par accession à la dimension conflictuelle propre à offrir une alternative complétive, originale et spécifique au dispositif judiciaire classique de résolution des contentieux.

L'approche résolument clinicienne de la médiation

Il ne fait mystère pour personne que la médiation est résolument clinicienne dans son approche, au contraire d'une approche contentieuse principalement occupée à mettre en scène le rapport de force des parties en présence, par application mécanique des règles de droit et des raisonnements syllogistiques.

Reconnaissons qu'en pratique le parcours opératoire des juges et des avocats est un mélange plus subtil qu'une simple mise en œuvre de la logique déductive basée sur des règles de droit.

Ces derniers ne manquent pas en effet de donner à cette apparente transitivité du droit et des syllogismes la souplesse nécessaire grâce à leurs interprétations ingénieuses et parfois audacieuses des faits litigieux et des règles applicables.

Et ces interprétations ou qualifications, qui remettent en cause les évidences *a priori* de la logique déductive de la règle de droit, ont partie liée à la dimension historico-clinique du conflit qui très naturellement s'invite dans les litiges et dont avocats et juges se laissent saisir à la demande des justiciables, non sans une certaine prudence compte tenu de la mission de défense « juridico-judiciaire » des premiers et de la fonction juridictionnelle et institutionnelle des seconds.[35]

De son côté, le Médiateur est singulièrement résolu, le temps de son intervention, à minorer le rapport de force brut et le jeu mécanique des raisonnements syllogistiques qu'impose le système de droit et à focaliser son attention sur la personne des justiciables et les motifs personnels et singuliers de leurs antagonismes.

Il entre donc bien dans sa perspective, plus ou moins explicitement, d'embrasser la dimension historico-clinique du conflit pour en faciliter la résolution, ce que traduisent certains auteurs par le fait que le médiateur, notamment en

---

[35] La fonction du juge est souvent présentée comme celle de « *dire le droit* » ou encore « *d'appliquer le droit* », formules assurément pédagogiques à l'attention des étudiants, mais qui simplifient outrancièrement la réalité et la complexité du parcours opératoire des juges qui mobilise toutes sortes de facultés intellectuelles et morales dédiées pour une grande part à la qualification des situations de fait litigieuses et à l'interprétation des règles de droit positif, ce que les formules précédentes voudraient ignorer.

matière familiale, « *se saisit du conflit en adoptant une approche systémique : dans cette optique, c'est la globalité du différend, dans tous ses aspects, aussi bien juridiques qu'extra-juridiques qui est considérée en se centrant sur les interactions entre tous les éléments* »[36].

Il n'est que de lire le vade-mecum de la médiation, de suivre les formations de médiateur ou de participer simplement comme conseil à un processus de médiation, pour réaliser l'importance donnée à l'écoute bienveillante du Médiateur qui prend soin d'entendre et comprendre les motifs de conflit d'une partie et la réaction de son 'adversaire' ou qui s'oblige systématiquement, après-coup, dans une intention résolument clinique, de reprendre et résumer la parole de chacune d'elles pour leur signifier combien elle a été reçue et comprise.

Nul doute que cette écoute sensible produit régulièrement (souvent ?) cet effet mystérieux, ce déclic propre à opérer chez le justiciable cette novation dans la perception du conflit qui lui permettra, peut-être, d'envisager un accord amiable.

L'atmosphère et le cadre chaleureux et ouvert d'une médiation peuvent s'avérer plus propices à l'élaboration de représentations porteuses de changement que la recherche sincère mais fiévreuse de solutions amiables par des professionnels du contentieux obligés malgré tout de tenir leur position institutionnelle et donc de 'faire du droit'.

Cette écoute bienveillante est la donnée constitutive et originale de la médiation et la condition nécessaire de son opérativité.

Elle est largement appuyée par la mise au rebut délibérée de la règle de droit, c'est-à-dire de l'obligation faite aux parties de remiser, le temps de la médiation, le rapport de force juridique pour créer les conditions d'émergence d'un

---

[36] « *Médiation familiale judiciaire et déjudiciarisation* ? » Federica Rongeat-Oudin. Dans La déjudiciarisation. Mare et Marin2013

rapport d'un autre type, à savoir celui d'une relation d'échange avec cet autre-adversaire.

A noter que dans cette perspective, le médiateur ne peut pas non plus totalement occulter la dimension juridique du litige, sauf à prendre le risque de ne pas appréhender le conflit dans sa dimension globale, condition essentielle de son intervention.

En somme, la spécificité de la démarche du médiateur est qu'il assume le risque de se laisser saisir par la dimension historico-clinique du conflit, sans jamais se laisser intimider par d'éventuels noyaux de conflictualité tendant à remettre en cause, non sans virulence parfois, sa démarche, et donc de persévérer dans son intention de trouver une solution au litige, quitte même à contribuer à liquider le conflit sous-jacent, s'il est opiniâtre et optimiste.

Enfin, aussi résolument clinicienne que soit la démarche du médiateur, celle-ci ne saurait être psychologisante.

Si elle tend effectivement à appréhender la conflictualité et à saisir les significations et les implications cachées du contentieux pour les justiciables, le médiateur n'en a pas pour autant une compréhension claire et assurée, pour la raison essentielle que les justiciables ne lui ont pas donné mission de procéder à des analyses psychologiques à visée thérapeutique ce qui serait pour le moins incongru et également pour la raison que cela ne rentre ni dans sa compétence, ni dans le champ d'action officiel de sa mission.

L'idée est plutôt que le médiateur doit s'efforcer de se représenter aussi précisément qu'il lui est possible les ressorts cachés de la radicalité du positionnement des justiciables vis-à-vis des objets litigieux, pour mieux cerner les limites de son intervention et faciliter la résolution du litige/conflit.

Conclusion, c'est la mise en place de ce cadre à proprement parler 'clinique' de la médiation qui vient d'être esquissé qui fait toute sa spécificité et partant son efficience, ici et là.

Limite clinique de la médiation : le noyau irréductible de conflictualité

Forte de l'intérêt qu'elle suscite, la proposition de Médiation se fait à l'heure actuelle de plus en plus pressante tant de la part des juges que de la part des législateurs successifs toujours à la recherche d'économies budgétaires et qui ne cachent pas leur volonté de sortir de l'orbite judiciaire ces litiges jugés inutilement couteux à raison notamment de cette conflictualité dont la justice n'aurait pas à connaitre, à seule fin de désencombrer les tribunaux.

Cette pression contribue, certes, à favoriser le développement de ce mode original de résolution des litiges, mais conduit parfois, non sans dommage, l'institution judiciaire, à '*enjoindre*', littéralement, aux parties d'adhérer à ce processus dans des cas où le contentieux judicaire pourrait bien apparaitre comme le mode de résolution le plus adaptée, le plus efficace ou le plus respectueux des intérêts des parties, d'où l'interrogation qui va suivre sur la limite clinique d'une telle insistance à suivre une médiation.

La quérulence n'est pas toujours la règle et lorsque les protagonistes ont une perception relativement adaptée à l'objet en litige et sont assez clairvoyants sur ce qui les divise réellement, le litige se règlera naturellement par contradiction d'arguments rationnels et raisonnables propres à vider le contentieux et la conflictualité associée.

Et même dans les contentieux de rupture (divorce, rupture du contrat de travail, résiliation de partenariat commerciaux) où les affects négatifs vont bon train, une issue amiable est toujours possible lorsque les protagonistes s'avèrent capables de neutraliser leurs affects en prenant sur eux de ne pas alimenter le conflit, c'est-à-dire en faisant preuve d'une certaine *pathicité*[37] propre à permettre un dialogue sur leurs antagonismes et donner lieu à concessions réciproques.

Cette aptitude à prendre sur soi relève d'une équation mystérieuse propre à chaque justiciable, à son histoire, à sa construction psychoaffective et présuppose une aptitude à intégrer sa propre limite et à ne pas feindre d'ignorer l'étendue des droits de cet autre-adversaire.

Et le justiciable doté d'une telle capacité à transiger et compromettre sur des questions hautement litigieuses portant sur des sujets aussi sensibles que la rupture du lien conjugal, pourra même divorcer d'avec son conjoint, à l'amiable, sans intervention judiciaire, sur simple dépôt d'une convention de divorce contresignée par avocats et déposée chez un notaire.[38]

Mais en pratique, l'offre de médiation vient, régulièrement, se heurter à certains protagonistes, réfractaires au compromis, chez qui l'offre d'une recherche de solution amiable bute a priori sur un noyau de conflictualité possiblement irréductible qui jamais ne s'épuise par le dialogue, mais plutôt s'y avive.

Dit autrement, elle bute sur des impossibilités psychologiques liées par exemple à la représentation que peuvent avoir les justiciables d'évènements ou d'actes préjudiciables dont l'onde de choc affective ne semble pas vouloir épuiser ses effets, ou à des organisations psychologiques souffreteuses privées, au moment des faits,

---

[37] Autrement dit une certaine capacité à prendre sur soi.

[38] En effet, alors qu'il était possible avant la loi du 1er janvier 2017 de signer une convention de divorce mais à la condition qu'elle soit homologuée par un juge qui en contrôlait formellement la teneur et pouvait en corriger le fond, désormais les parties peuvent librement divorcer en étant dûment conseillées par leur avocat, sans détour par le juge, ce qui implique de la part de tous les acteurs et singulièrement des parties une vraie capacité à s'auto-responsabiliser et à prendre sur soi.

de toute capacité à se confronter avec cet autre-adversaire et à élaborer sur la situation vécue, (par excès d'inhibition notamment).

Que faire en présence d'un noyau de conflictualité propre au justiciable et irréductible à tout compromis ?

Faut-il le court-circuiter en imposant une médiation à tout prix ou laisser opérer le contentieux judiciaire censé offrir à cette conflictualité le débouché nécessaire à son déploiement et à sa liquidation/résolution ?

Se pose ainsi la question de l'orientation à donner au litige-conflit, c'est-à-dire de son mode de règlement le plus adapté, afin d'optimiser les conditions *a priori* de sa « résolution/liquidation » : contentieux judiciaire classique ou démarche amiable de médiation ?

Cette conflictualité débordante des parties qui semble incompatible avec la médiation ne concerne pas les justiciables pour lesquels cette tentative originale de résolution du litige répond parfaitement à leur souhait clairement exprimé de reprendre la maitrise de leur destin et d'en finir si possible au plus tôt.

Elle concerne ceux qui sont en butte à leurs propres conflits internes, animés qu'ils sont d'une volonté d'en découdre ou de se soustraire au conflit ou d'adopter une attitude résolument dilatoire, c'est-à-dire ceux dont la gestion sauvage de leur propre conflictualité rend inutile le détour par la médiation et commande sans tarder l'engagement d'une procédure judicaire contentieuse seule à même de donner du champ à cette 'envie d'en découdre' ou de couper court à toute velléités dilatoires, dans le cadre exigeant des règles du procès et du principe du contradictoire.

Lorsque les juridictions s'autorisent à '*enjoindre*' aux parties de suivre une médiation que ces dernières et leurs conseils se sentent obligés de déférer pour ne pas déplaire au Juge qui l'a ordonnée, elles prennent le risque d'imposer un mode de règlement du litige inadapté et partant de retarder l'engagement de la confrontation judiciaire devenue inéluctable.[39]

Ainsi, lorsqu'une proposition de Médiation est susceptible de prendre à revers chez un justiciable un 'besoin' vitale et irrépressible de se confronter à cet autre-adversaire, s'impose alors de considérer cette conflictualité interne comme possiblement incompatible avec une telle perspective amiable et donc de s'assurer que l'adhésion à la médiation est bien intervenue dans un cadre libre et accepté excluant, par principe, d'exercer une pression sur le justiciable pour le dissuader d'emprunter la voie contentieuse.

Or, en pratique certains juges, décidés à ignorer cette limite clinique de la conflictualité, imposent d'emblée aux parties, pour principalement s'économiser du temps, de suivre une médiation, abusant de la crainte qu'inspire leur pouvoir de juger, en leur « *enjoignant* » littéralement « *d'aller suivre une médiation* », comme on imposerait une psychothérapie, et ce dans l'ignorance des tenants et aboutissants du litige, de l'éventuel conflit sous-jacent qui couve, du niveau de conflictualité associée et des efforts importants déjà accomplis par les parties ou leurs avocats pour aboutir de bonne foi à un accord amiable…[40]

---

[39] A l'heure actuelle, l'encombrement des tribunaux fait plutôt le lit des visées dilatoires. Il importe de comprendre qu'une tentative de médiation située, par hypothèse, en amont du contentieux, retarde plus encore le dénouement du litige si la médiation n'aboutit pas. En effet, dans ce dernier cas, le plaideur de mauvaise foi qui se prête hypocritement au jeu de la médiation parvient, en définitive, à retarder plus encore l'échéance d'un jugement. Cette donnée de la temporalité dans le règlement des litiges doit être prise au sérieux lors du recours à la médiation.

[40] Le plus souvent les juges, au moment où ils ordonnent une médiation, ignorent tout du fond du dossier, du niveau de conflictualité des parties ou des efforts déjà réalisées en vue d'un accord amiable. Aussi

Les dangers d'une proposition de médiation trop insistante

Faute de prendre au sérieux cette limite clinique résultant d'un possible noyau irréductible de conflictualité, l'injonction d'une médiation peut s'avérer non seulement vaine mais contreproductive quand elle n'est pas dangereuse pour certains justiciables.

Il n'est pas rare en effet de voir une partie accepter une médiation pour conforter une posture de déni de sa propre conflictualité, que ce soit par dépit, déception, incompréhension ou dépassement de la situation.

Rôde toujours la tentation pour une partie de renoncer à ses revendications et de se fermer la voie à tout processus contentieux, avec le risque qu'une insistance exercée de l'extérieur pour qu'elle consente à rentrer dans un processus amiable, soit l'occasion, inopportune pour elle, d'en finir avec son litige qui la tourmente par un accord expéditif en sacrifiant au passage ses intérêts pourtant dignes d'être défendus, sur l'autel d'une efficacité dont il lui a été vanté les mérites avec insistance.

Dans ces cas-là, la proposition insistante de médiation (aussi bienveillante soit-elle quand elle n'obéit pas à des impératifs pratiques d'économie) peut, d'une certaine manière, venir conforter et légitimer, en toute innocence, cette tentation qui n'est jamais loin chez un justiciable (et le cas n'est pas rare, loin de là) d'abandonner sa revendication en justice, par dépit, découragement, déception ou incompréhension ou tout simplement parce qu'il appréhende la confrontation judiciaire et la conflictualité qu'elle implique.

---

l'injonction de médiation procède-t-elle plus d'un choix 'politique' que d'un arbitrage réfléchi après appréciation *in concreto* du cas d'espèce.

Il en est de même du danger que fait encourir parfois l'obstination de l'entourage à vouloir persuader un proche, pris dans les rets d'une procédure particulièrement conflictuelle de divorce, de transiger, en invoquant, tour à tour, l'indignité du combat judiciaire (le conflit en matière familiale étant souvent jugé, par projection, misérable, irresponsable et nocif pour les enfants), ou le nécessaire maintien de l'ordre social, peu important les enjeux, les blessures et les évènements passés.[41]

Vouloir épargner à un justiciable d'avoir à se confronter à son adversaire ou d'avoir à assumer une certaine conflictualité autour de l'objet en litige, en idéalisant la recherche d'un amiable à tout prix, n'est non seulement pas une fin en soi, mais peut même avoir l'effet malheureux de l'inciter à taire des attentes légitimes ou à refouler une agressivité pourtant fort bienvenue malgré une censure sociale ignorante du coût psychologique associé à ce refoulement.

Le renoncement précipité d'une partie, au nom d'un prétendu idéal de paix perpétuelle, à faire valoir ses intérêts et à préserver sa dignité en assumant jusqu'au bout le rapport de force contentieux, a rarement les ressorts bénéfiques que l'on voudrait lui prêter et il se pourrait même qu'il ait des effets désastreux.

Le cas n'est pas rare, de personnes qui ont cru devoir transiger à la hâte par suite d'un découragement personnel ou pour avoir trop écouté les discours lénifiants d'un entourage par trop idéaliste poussant à la transaction et qui avouent après coup avoir manqué l'occasion d'une franche

---

[41] Cela est vrai dans les litiges de succession et plus encore en matière familiale où l'entourage plus ou moins mêlé au remue-ménage de la séparation juge souvent, défensivement et par projection, ces conflits misérables, irresponsables et nocifs pour les enfants, ce qui sonne juste a priori mais renvoie, sur le fond, à une réalité assurément plus complexe.

confrontation en justice et d'une explication contradictoire sans concession avec cet autre-adversaire, au cours desquelles elles auraient pu défendre vigoureusement leurs intérêts, au lieu de se laisser aller à en minorer l'importance ou, pire, de feindre d'ignorer jusqu'à leur existence.

Derrière les rationalisations d'un justiciable qui renonce à agir en justice peuvent se dissimuler des appréhensions ou une certaine impuissance (un manque de courage diront péremptoirement certains), à affronter l'adversité ou un rapport de force défavorable dans lequel celui-ci se croit, à tort, pris au piège, pour ne pas parler de ces pressions morales exercées par l'entourage pour dissuader d'agir ou de se défendre en justice.

Certes, leurs intérêts auraient été âprement contestés, déniés et malmenés par la partie adverse, circonstance ô combien pénible mais ô combien salutaire dans l'effort nécessaire d'objectivation de la représentation qu'elles se font de la situation litigieuse, pour parvenir enfin à 'accepter' cette situation conflictuelle ou 'se reconstruire', pour reprendre les phases du deuil suggérées par le Dr Kübler-Ross[42], et peut-être parvenir (pourquoi pas ?) à un compromis assumé en cours de procédure.

Il y a, croyons-nous, des implications positives à une confrontation judiciaire, ainsi qu'il est exposé par la suite, qui résultent notamment de l'opportunité offerte au justiciable de tenir une position intransigeante ou de marquer une opposition résolue au déni de l'adversaire lesquelles peuvent s'avérer propres à catalyser ses potentialités réorganisatrices… et son rebond.

Qu'en sera-t-il moralement de cette partie qui, incitée à transiger, donnerait un peu trop rapidement quitus à cet autre-adversaire avec lequel elle a partagé un vécu de

---

[42] Psychiatre suisse distinguant cinq étapes du deuil rassemblées sous l'acronyme 'DABDA' : « *Denial, Anger, Bargaining, Depression, Acceptance* ».

plusieurs années (ex-conjoint, ex-employeur ou ex-associé), avec l'effet d'être confortée dans une position de déni du conflit pourtant profind qui l'oppose à ce dernier ?

Sans opposition marquée, sans explication ferme entre protagonistes, le risque encouru est que l'objet litigieux soit minoré et sous-estimé et la personne du justiciable déconsidérée et dévalorisée.

En renonçant au combat judiciaire, le justiciable peut parfois passer à côté d'une opportunité cruciale, parfois vitale, de se battre, de s'affirmer en justice et faire valoir son intérêt, alors qu'une 'résignation' ou une 'acceptation' prématurée de la situation, ignorante du retentissement en profondeur du litige, ratatine pour toujours des ressentiments pourtant à vif (licenciement abusif et vexatoire, rupture violente du lien conjugal, rupture brutale d'une relation commerciale, etc.) et qui, une fois verrouillés dans un protocole transactionnel hâtivement signé et clôturant le litige, risquent tôt ou tard de faire retour sous la forme détournée de procédures judiciaires de substitution.

C'est le constat que l'on peut faire notamment lors de consultations post-divorce pour des clients ayant convenu de divorcer par consentement mutuel mais dont ils avouent après coup, non sans amertume, qu'un tel accord était pour eux le prix à payer d'une paix certes relative à laquelle ils se sentaient obligés à l'époque de consentir artificiellement mais dont ils mesurent *a posteriori* le coût psychologique et moral exorbitant faute d'avoir été capable, en temps utile, de tenir le rapport de force et d'assumer la confrontation contentieuse, avec tout ce que cela implique de désagréments et d'aléas.

Dans ces cas de déni de la conflictualité, les contentieux post-divorce (portant sur la liquidation de régimes matrimoniaux ou la révision de pension ou encore la fixation des modalités d'exercice du droit de visite et d'hébergement) deviennent le prétexte à faire revivre et vider un contentieux sur les torts entre époux non soldé lors du divorce prétendument 'sur consentement mutuel' ; le cas est beaucoup trop fréquent.

Dans un tel contexte, l'un des protagonistes saisit l'opportunité d'un objet plus ou moins avéré de conflit révélé postérieurement au divorce, pour tenter de remettre sur la table, dans une demi-conscience, la question des torts non soldés du divorce.

L'on ne répètera jamais assez que dans la matière hautement conflictuelle qu'est le divorce, faute pour les époux d'avoir pu vider le contentieux « moral » de leur séparation lors du divorce, celui-ci fait régulièrement retour dans ces contentieux de substitution post-divorce où juges et avocats ne peuvent que constater un niveau de conflictualité décalé par rapport à l'enjeu des litiges, démontrant que le contentieux moral de la séparation (véritable nid à conflictualité) n'a malheureusement pas été soldé lors du divorce, malgré les apparences trompeuses du consentement mutuel.

Il y aurait là de la part du législateur toute une réflexion à mener sur l'économie de la conflictualité où pourrait être mis en évidence qu'à vouloir ignorer, cantonner ou dissuader l'expression de la conflictualité, celle-ci risque de faire retour, dès que l'occasion lui en est donnée, dans des contentieux de substitution qui encombrent les tribunaux bien inutilement cette fois, en ce qu'ils font doublon avec le contentieux d'origine non soldé, faute d'avoir offert dès le départ du contentieux, à ce conflit sur les torts, des moyens même limités de son expression/élaboration.

A noter que du point de vue du justiciable, cette conflictualité refoulée peut trouver à se retourner contre lui-même ou contre son entourage, avec le coût moral et psychologique que l'on peut imaginer, pour ne pas parler des effets possibles à plus long terme sur sa santé… Tout cela reste hypothétique, mais fait bien partie d'une économie générale du conflit à réfléchir.

Les dangers d'une proposition de médiation à contre-temps

A quel moment faut-il faire une proposition de médiation ?

L'on n'insistera jamais assez sur l'importance de la phase de démarrage du contentieux judiciaire qui est l'occasion de mettre sur la table les données du rapport de force juridique, en toute rigueur et dans le respect des règles du combat judiciaire.

Cette épreuve de rapport de force que constitue l'acte introductif d'instance, si elle contribue à renforcer chez les justiciables une logique monolithique tendant à établir l'évidence de leur position, elle est également de nature dans l'effort d'objectivation qu'elle leur impose face au déploiement de la logique adverse, de prendre le chemin du compromis ; à défaut, ils poursuivront sur la voie contentieuse avec le secret espoir de triompher enfin de cet autre-adversaire.

Court-circuiter ce premier stade de l'objectivation du litige/conflit qui s'apparente, dans le langage des professionnels, à un « *défilé de missiles sur la place rouge* » ou à un « *déroulé de muscles sur le champ de foire* », reviendrait à priver les justiciables de ce moment essentiel du contentieux qui pose le rapport de force juridique et impose un premier travail d'introspection propre à les interroger sur le comment et le pourquoi un tel conflit s'est fait jour et, dans la foulée, à ajuster, éventuellement, leur position dans la phase contentieuse qui s'ouvre.[43]

---

[43] A ce titre, l'on renverra au développement du chapitre V précédant relatif au contentieux du divorce et à la problématique liée à

De la même manière, sur un plan plus « clinique », court-circuiter ce moment très particulier qu'est l'ouverture du contentieux lors duquel l'agressivité des litigants entrevoit la possibilité de se déployer et opère comme une première décharge des tensions conflictuelles, les priverait de développer à cette occasion de nouvelles représentations de l'objet en litige et peut-être même de faire naitre chez eux une aptitude toute nouvelle à envisager la voie amiable...

Ainsi, exiger d'emblée, avant toute construction du positionnement des protagonistes, que les futurs litigants rentrent dans un processus de médiation ou s'engagent dans une voie amiable, porte toujours en germe le risque d'étouffement d'enjeux souvent critiques nécessitant un certain temps d'élaboration et de maturation, sauf à feindre d'ignorer la complexité de la mise au jour, sur la scène du contentieux, de toutes les données du litige/conflit sous-jacent.

C'est contre les dangers d'une idéalisation-projection par les intervenants de la dimension amiable sur l'univers des justiciables dont il convient de se prémunir.

Il n'est pas davantage dans notre propos d'idéaliser, à l'inverse, le conflit en posant comme condition de sa résolution, une purgation prétendument libératrice des affects et de la conflictualité par le seul recours au contentieux judiciaire et à ses débats contradictoires, d'autant que la voie contentieuse peut vite tourner court et donner lieu à des excès dans les écritures judiciaires propres à aviver les prédispositions au conflit des litigants et les dissuader de s'engager à l'avenir sur la voie de la médiation.

---

l'interdiction légale faite aux parties d'évoquer, dès le départ de la procédure, les griefs entre époux, les privant par le fait de faire valoir, lors de ce premier moment essentiel, les causes, selon eux, du litige et les préjudices qu'ils ont subis ou subissent encore en conséquence. ...

L'arbitrage entre une voie amiable pavée de bonnes intentions et un contentieux dur est un exercice complexe et situe les professionnels du contentieux sur un parcours qui s'apparente plus à une ligne de crête singulièrement étroite où rien ne semble évident.

Dit autrement, s'il incombe aux avocats de veiller à ne pas aviver gratuitement la conflictualité sous-jacente au litige, il ne faut pas davantage que l'insistance à suivre la voie amiable ou un processus de médiation anesthésie trop vite une conflictualité non encore élaborée, en commandant au justiciable une rentrée dans les rangs prématurée de ses affects, à seule fin d'en terminer avec ce litige qui encombrerait inutilement le rôle des tribunaux.

S'il est vrai que le litige renvoie le plus souvent à autre chose que l'objet visible sur lequel il porte, c'est donc qu'il y a un au-delà du litige nommé conflit qui, à l'occasion du traitement du litige au sens strict, c'est-à-dire dans le cadre du contentieux judiciaire, doit pouvoir s'élaborer, se transformer et donner lieu chez les litigants à de nouvelles représentations des enjeux du litige/conflit.

Et c'est ce dont il ne faudrait pas priver les justiciables en les pressant de concilier.

CHAPITRE 7

IDEALISATION DE LA MEDIATION ET REJET DU CONFLIT

Un libéralisme candide

Nous interroge cette insistance à promouvoir une issue non-contentieuse du litige fondée sur un fantasme de paix perpétuelle *hic et nunc*, qui postulerait que tout conflit devrait pouvoir être évité, peu importante sa genèse et les souffrances vécues et qui masque mal une ignorance des retentissements du conflit, des points irréductibles en litige, de la marque sinon du traumatisme que certains antagonismes peuvent laisser sur les justiciables ou encore du prix déjà payé par l'un d'eux dans le refoulement d'une agressivité exacerbée et parfois justifiée.

Son présupposé repose sur l'idée que transiger et compromettre aujourd'hui vaudrait toujours mieux que d'avoir à subir les affres d'une procédure judiciaire réputée douloureuse, longue et à l'issue incertaine.

Et il n'est pas rare de voir ses promoteurs en idéaliser le principe et affirmer par exemple que « *la vie des protagonistes est devant et non derrière eux* » ou qu'il faut « *délaisser l'autopsie du passé pour repenser en termes vivifiants un avenir possible…* » et inviter les parties à suivre ces voies amiables propres à leur permettre de « *se réapproprier le procès en évitant l'aléa judiciaire, d'en devenir des acteurs responsables, de leur permettre de porter eux-mêmes leur parole et d'écouter celle de l'autre, de se comprendre mutuellement, d'aborder l'entièreté du conflit aussi bien dans ses aspects économiques, relationnels psychologiques, sociaux au-delà du litige strictement juridique qui bien souvent ne traduit pas la véritable origine du conflit…* ».[44]

Ou encore qu'il faut : « *prendre en considération la réalité personnelle d'êtres libres dans une société libre* ».[45]

Ces déclarations certainement bienveillantes, idéalistes et empruntes de naïveté, manquent cependant de rendre compte des réalités humaines, complexes, d'ordre moral ou psychologique, dans lesquelles sont empêtrées les citoyens en attente de justice et qui rendent l'offre de médiation inadéquate et inadaptée.

Des injustices traumatisantes peuvent, par exemple, paralyser les justiciables et les empêcher de se projeter dans le futur tant qu'une confrontation n'aura pas eu lieu, comme ce salarié brutalement licencié, empêché d'envisager sereinement la recherche d'un nouvel emploi tant que le contentieux de la rupture de son contrat de travail n'aura pas été tranché par le Conseil de Prud'hommes ou, comme ce conjoint abandonné dans un contexte tumultueux, privé de la possibilité de se réorganiser intérieurement tant que le contentieux du divorce n'est pas vidé, etc.

Dans de tels cas, l'issue salutaire pour ces justiciables pourrait bien être d'en découdre enfin avec cet autre-adversaire qui leur a, prétendent-ils, causé tant de mal, en engageant un contentieux judiciaire et trouver là l'occasion de déployer cette conflictualité-agressivité qui les attaque de l'intérieur et mobilise toute leur énergie.

Ici point d'idéalisation de la liberté du justiciable à consentir à une médiation, celui-ci étant aux prises avec des résistances sourdes et insurmontables, incompatibles avec la notion très idéaliste de « *réappropriation du procès* »

---

[44] Vademecum de la médiation dans le domaine judiciaire. Fabrice VERT (dans Revue de la Famille, novembre 2018 n°11).

[45] L'esprit des MARD Stephen BENSIMON (dans Revue de la Famille, novembre 2018 n°11).

(théorie de l'*empowerment*) [46] présupposant un sujet autonome, indépendant, libre et maitre de soi.

A vouloir systématiser la médiation, en n'hésitant pas, ici et là, à troquer le prérequis du consentement des parties avec des « *injonctions de médiation* » comme le pratiquent certains tribunaux, l'on manque d'apercevoir la réelle impuissance psychologique de certaines parties à s'asseoir autour d'une table face à leur adversaire.

Certains poussent même leur idéalisme au point de croire, en matière de divorce : « *qu'en pacifiant au maximum la séparation, il deviendra alors possible de réinstaurer le dialogue pour déconstruire paisiblement le lien conjugal* »[47], formule illusoire en ce qu'elle postule que les parties pourraient accéder à eux-mêmes et se rendre transparent à leur propre conflictualité grâce au cadre pacifique de la médiation propice à un dialogue enfin raisonné et raisonnable.

Que l'expérience ait été faite, ici ou là, qu'une telle impuissance psychologique ait été finalement surmontée, n'implique pas que ce soit à la portée de tous, ni davantage que le conflit interne ait été liquidé.

Cette posture résolument libérale et candide, si elle s'applique à bien des configurations conflictuelles, peut s'avérer totalement inadaptée à tous ces justiciables taraudés par une conflictualité qui a la vie dure, fait obstruction au principe même d'un face-à-face direct avec l'adversaire, à tout règlement rationnel fondé en droit ou même à toute solution amiable raisonnable et impose

---

[46] « *Empowerment* » renvoie à la capacité d'agir des individus. Ce serait le processus par lequel les individus parviennent à prendre conscience de leur capacité d'agir et à prendre le contrôle des événements qui les concerne.

[47] « *Pour une déconstruction paisible du lien conjugal : aller au-delà de la logique punitive en dépersonnalisant le divorce* » Laura VIAUT dans Revues PERSONNES/FAMILLE 12 mai 2020.

l'épreuve du rapport de force juridique et de ses effets éventuellement cathartiques.

Les implications du consentement à la médiation

Une vraie posture 'libérale' imposerait plutôt de s'assurer avant toute chose que le justiciable consente véritablement à ce que soit évoquée, d'une manière ou d'une autre, la dimension conflictuelle de son litige dans le cadre de la médiation, ce à quoi s'efforcent, en principe les médiateurs.

Consentir à la médiation n'est jamais neutre et est chargé implicitement de fortes significations, car cela implique que le justiciable acquiesce d'une certaine manière à l'idée que le médiateur approche la dimension conflictuelle qui couve sous le litige.

A l'évidence un tel acquiescement n'est jamais vraiment explicite, le justiciable pris dans les rets d'un contentieux qu'il rumine en dehors de toute perspective raisonnable de résolution, n'a pas, par hypothèse, le recul nécessaire pour apprécier ce qu'il en est de la conflictualité qui le hante.

Le plus souvent il peine à faire le départ entre ces deux concepts que sont « litige » et « conflit », le premier renvoyant à l'objectivité des données de base juridiques de son litige (faits avérés et règles de droit applicables) et le second à la subjectivité de son sentiment d'injustice nimbé d'affects négatifs.

Pour lui, litige et conflit ne font qu'un et l'injustice ressentie relève de l'objectivité avérée et si conflictualité tous azimuts il y a, ce serait plutôt le fait de son adversaire irrationnellement opposé à toute solution raisonnable…

Les résistances à la médiation, au compromis et à la transaction parfois puissantes et pas toujours conscientes, doivent être prises au sérieux. Elles sont au cœur de la dynamique du conflit et renvoie le sujet à sa propre liberté, ce qu'une vraie vision libérale ne saurait ignorer.

Dit autrement, au nom de quoi un médiateur, serait-il mandaté par un juge, peut-il s'autoriser à tenter d'approcher ces considérations très intimes qui sont au cœur des raisons qui poussent le justiciable, parfois bien malgré lui, à rejeter le principe même d'une médiation ?

La suggestion par l'avocat de suivre une médiation

Mais si le justiciable lui-même, empêtré qu'il est dans son conflit et rarement lucide sur le conflit interne qui le taraude, s'avère incapable d'initier une médiation, qui le fera ?

Ce sera à l'avocat de la lui recommander et de choisir le moment idoine pour le faire, après avoir recherché et épuisé toutes voies amiables directes avec l'adversaire.

Recommandation délicate, non pas tellement parce que l'avocat risque de perdre un dossier[48], mais parce qu'il sait d'expérience que dans ces cas d'espèces à la conflictualité irréductible, combien peut être sensible pour les clients une telle recommandation de sortir du cadre du contentieux judiciaire, alors que la médiation est susceptible de mettre plus ou moins au jour ces choses douloureuses et invisibles qui entravent la résolution de son litige et l'empêchent sans doute d'accéder à une compréhension rationnelle et objectivée de son différend.

L'avocat devine, en effet, à quel point ces non-dits, faits de considérations intimes, psychologiques, historiques et existentielles grèvent les représentations qu'un justiciable se fait de son litige, obèrent sa perception et travaillent insidieusement à laisser le conflit déborder le litige.

---

[48] Explication peu convaincante si l'on a bien en tête que le suivi d'une médiation implique du temps facturable.

Autant de raisons qui expliquent et justifient la prudence a priori du Conseil quant à l'opportunité d'aborder la question du conflit au-delà du litige (dont il ne peut d'ailleurs jamais vraiment dire s'il s'origine dans une conflictualité interne ou dans des causes externes ou le plus souvent dans les deux intriqués [49]) et donc de recommander la médiation à son client.

C'est donc à l'occasion d'échanges serrés avec le justiciable et devant le constat commun de l'inefficacité des tentatives pour clore amiablement un litige si prompt à renaitre de ses cendres sous l'effet de cette dynamique conflictuelle qui n'en finit pas d'épuiser ses effets, que se précise l'idée de recourir à un mode de résolution du litige offrant un cadre propice à l'évocation de sa dimension conflictuelle.

Rappelons à quel point une telle recommandation de médiation, qui nous apparait aujourd'hui comme une évidence, est audacieuse au regard de notre système de droit positiviste qui postule que l'application déductive des normes juridiques entre elles est à même d'embrasser tout le réel des situations conflictuelles et qui va même jusqu'à dénier, sur le plan des principes, à la jurisprudence le statut de source formelle de droit.[50]

---

[49] Comme développé au premier chapitre, le conflit « externe » ou « intersubjectif » qui fait se confronter deux personnes distinctes en opposition sur l'imputabilité d'une responsabilité pourrait bien avoir quelque rapport avec le conflit « *interne* » ou « *intrapsychique* », objet de toutes les attentions de la part de la psychologie clinique, qui met aux prises l'individu avec lui-même et vise, elle, l'hypothèse où : « *dans un sujet, s'opposent des exigences internes contraires* » occasionnant de la souffrance psychique.

[50] Cependant, il suffira de rappeler, pour se convaincre s'il était besoin du rôle créateur de la jurisprudence et en particulier de celui de la Cour de Cassation, que des revirements de jurisprudence se produisent à l'occasion et que la simple possibilité de tels revirements démontrent que les textes de loi sont de texture ouverte et susceptibles de plusieurs interprétations, qu'ils traduisent des changements de tendance,

L'on est bien, avec la médiation, dans une logique de dépassement du système judiciaire et de la représentation classique qui est faite du raisonnement juridique supposément borné à l'application déductive des règles de droit positif.

L'on est bien, avec la médiation, dans une logique de dépassement du litige juridique par évocation du conflit sous-jacent.

En somme, et pour toutes les raisons déjà évoquées, les présupposés complexes d'un recours à la médiation commandent un consentement sans équivoque et sans ambiguïté du justiciable, ce qui n'a rien d'une évidence.

Malgré ces complexités, la politique judiciaire actuelle, systématise et idéalise la médiation pour la raison très concrète qu'elle contribue à lui faire réaliser des économies budgétaires et à désencombrer les tribunaux et ainsi se faire pardonner son manque patent de moyens en dégageant du temps et des ressources nouvelles par « déjudiciarisation » des contentieux.

Mais sur le fond, quel que soit le motif brandi pour inciter à recourir aux MARD[51] et sortir de l'orbite judiciaire ces rapports de force par trop conflictuels : 'économies budgétaires', 'encombrement des juridictions', 'soi-disant vanité de la conflictualité', 'préservation de la paix

---

d'appréciation, de jugements de valeur ayant une portée juridique par rapport à l'état antérieur du droit et qu'ils sont admis et reconnus par l'ensemble du corps judiciaire comme un fait incontournable, nonobstant la non-consécration de la jurisprudence comme source formelle du droit. A cet égard rappelons l'Arrêt de la Cour Européenne des Droits de l'Homme qui a retenu par 4 voix contre 3 dans son arrêt du 11 juin 2015 (n° 22008/12) que *« le revirement de jurisprudence de la cour de cassation ayant entraîné l'irrecevabilité de la citation directe n'étant pas imprévisible n'est pas contraire à la Convention »*, preuve officielle, s'il en est, du pouvoir créateur de la jurisprudence de la Cour de Cassation française.

[51] Modes alternatifs de résolution des litiges

sociale'..., qui pour ne pas vanter les mérites de l'amiable ? Qui pour contester le bien-fondé d'une démarche tendant à soustraire le justiciable aux affres de la conflictualité ?

Restera cependant à traiter, toujours et encore, ces cas d'espèce irréductibles, ceux dont les parties ne parviennent pas ou ne peuvent se permettre par principe, de passer outre une conflictualité s'originant dans des évènements représentés comme indépassables ou impardonnables et où la voie de l'amiable n'est pas une option.

Et la recherche ardente d'une solution amiable par les professionnels du contentieux, dans ces contextes, sera non seulement vouée à l'échec mais possiblement comprise par les protagonistes récalcitrants comme une méconnaissance voire un mépris de leurs souffrances morales et tensions psychiques que leur occasionne ce litige/conflit.

L'argument du pur affrontement

Pour se donner des arguments, la proposition de médiation use d'un argument moral implicite et tente d'assimiler la confrontation judiciaire à un pur affrontement ou à une guerre totale visant à l'élimination de l'adversaire et de sauter à la conclusion que conflit et confrontation seraient dévastateurs pour les protagonistes.

Et d'invoquer, tour à tour, l'indignité des parents prêts à s'entredéchirer en justice pour (et au détriment de) leurs enfants, la perfidie d'un employeur prêt à mobiliser tout moyen pour s'éviter d'avoir à rendre des comptes à son salarié licencié sans cause réelle et sérieuse, ou la posture abusivement victimaire d'un héritier prêt à tout, au mépris de l'histoire familiale pour faire triompher en justice son point de vue dans le cadre du partage successoral et tenter d'obtenir plus que ce qui lui a été dévolu.

Autant d'arguments moraux, pour ne voir, dans tout ce fatras, que purs affrontements destructeurs et guerres totales.

Clinique du conflit : entre guerre totale et paix perpétuelle

Et pourtant, ces contentieux judiciaires durs, assurément malheureux et regrettables, ne doivent pas être trop vite assimilés à de purs affrontements visant à l'élimination de cet autre-adversaire, car il renvoient souvent à des antagonismes réels et sérieux, dégénérant certes en conflits véhéments, mais aucunement réductibles à une guerre totale, pour la raison précisément que la confrontation à laquelle oblige le contentieux judiciaire impose aux parties d'avoir à s'expliquer et à se rendre des comptes dans un cadre exigeant, respectueux du principe du contradictoire, par-devant un tiers impartial et désintéressé.

Si la tentation est forte de déplorer la virulence de ces contentieux au point de vue d'une morale sociale aspirant à une quiétude éternelle, ils sont néanmoins vécus, du point de vue des protagonistes, comme l'occasion de donner un débouché, sous des formes autorisées, à ces affects négatifs dirigés contre cet autre-adversaire, c'est-à-dire de mettre en mots cette agressivité en mal de dépassement.

Rien à voir avec un pur affrontement visant la seule élimination ou destruction de l'autre, sauf à vouloir jeter l'opprobre sur le conflit et le contentieux judiciaire et donc prendre le risque, à défaut de permettre à cette conflictualité de trouver les voies et moyens de son déploiement, de la vengeance privée en provoquant les parties à se faire justice elles-mêmes.

Cette assimilation tendancieuse du conflit judiciaire à un pur affrontement est ancrée non seulement dans une croyance illusoire en une paix perpétuelle à portée de main, mais surtout dans une dénégation, voire un déni de la conflictualité jugée illégitime et inconvenante, alors pourtant qu'elle n'est que symptôme d'antagonismes à surmonter ou de points litigieux à résoudre dont le surgissement dans le cours des très nombreuses interactions de la vie sociale, est somme toute assez banal et prévisible.

Une telle posture voudrait ainsi majorer l'immoralité ou l'indignité du conflit judiciaire pour mieux le réduire à un pur affrontement socialement inacceptable.

C'est pourtant à l'exact opposé de cette croyance extrême, que le contentieux judiciaire se situe.

Conflit et altérité

Dans la réalité des faits, l'assomption du conflit, que le contentieux judiciaire présuppose, est de nature à redonner des couleurs à l'altérité, à faire exister cet autre-adversaire en lui redonnant toute sa place.

La procédure contentieuse autorise ainsi, paradoxalement, cet autre-adversaire à être entendu pleinement dans sa version des faits et à faire valoir tous ses arguments en justice, etc., autant de règles de procédure aux antipodes d'une élimination de l'autre-adversaire et postulant plutôt sa réhabilitation aux yeux du premier.

Ces principes de droit qui régissent la procédure obligent, en dépit de tout, la partie qui se prétend lésée à considérer malgré tout cet adversaire qui se présentait comme l'ennemi à abattre, mais qui, en vertu de ces mêmes principes, va quand même être jugé digne de contester sans vergogne ses prétentions qu'elle considère pourtant plus que légitimes.

Ainsi, l'engagement d'une action en justice, quoiqu'on en dise a priori, présuppose, peu ou prou, pour la partie demanderesse, d'admettre que son adversaire-défendeur existe bel et bien, au point de « mériter » de se voir délivré une assignation en justice, non sans que le demandeur ait à en payer un certain prix sur le plan moral.

D'une certaine façon, il y aurait moins à craindre des débordements d'une expression véhémente de la conflictualité dans le cadre judiciaire, que de la violence des sentiments d'injustice refoulés et verrouillés dans des transactions hâtivement signées, refoulement dont les psychologues ont, de longue date, pointé les risques, à travers notamment la notion de '*retour du refoulé*' qui insiste sur le caractère indestructible des éléments refoulés et sur leur réapparition sous des formes déformées[52], moyennant même parfois un « *renforcement de la poussée pulsionnelle* ».[53]

Les systèmes judiciaires reconnaissent depuis toujours la légitimité du conflit et lui donnent droit de cité à travers les contentieux judiciaires ; le conflit n'est ni anomalie, ni pathologie au sein du corps social ; il est seulement la traduction symptomatique des tensions conflictuelles qui traversent la vie sociale et doit être considéré comme un fait brut signalant un rapport de force litigieux, certes à déplorer, mais constitutif de la vie en société et qui, à ce seul titre, mérite d'être traité bien.

Le procès judiciaire se caractérise ainsi par une 'contradiction dialectique' propre à permettre de retrouver derrière l'ennemi un adversaire, et mieux encore, derrière l'adversaire, son prochain.

En résumé, guerre totale et pur affrontement sont les degrés zéro de la reconnaissance de cet autre-adversaire qui

---

[52] A trop vouloir ignorer cette charge conflictuelle et réprimer les affects négatifs qui la nourrissent, et ne pas offrir les voies et moyens de leur accès à la justice sous des formes acceptables, l'on prend le risque de les voir réapparaitre par exemple dans l'engagement réitératif et tous azimuts d'autres procédures judiciaires.

[53] Cf. Laplanche et Pontalis Vocabulaire de la Psychanalyse P.U.F.

n'a droit à aucune considération et dont la position est indéfendable, inaudible et irrecevable, alors que conflit et confrontation entre parties constituent le premier niveau d'une reconnaissance de cet autre-adversaire en ce qu'ils présupposent la capacité des protagonistes à se faire face l'un à l'autre, à tenir, à élaborer et à argumenter des positions antagoniques : j'ai raison et je suis capable de m'en expliquer.

Quant à la soumission volontaire d'une partie à la médiation, elle suppose un niveau 'supérieur' de reconnaissance de cet autre-adversaire, où les protagonistes montrent non seulement une aptitude certaine à élaborer quant à leur propre positionnement, mais s'avèrent également capables d'entendre quelque chose des arguments de leur adversaire et, le cas échéant, de s'y articuler en vue d'une résolution amiable.

En d'autres termes, le processus de médiation implique la précompréhension de l'obligation dans laquelle une partie se trouve d'avoir *in fine* à trouver la voie d'une résolution amiable de son litige avec cet autre-adversaire, en s'articulant à lui et en acceptant de se compromettre avec lui…

Et ce niveau 'supérieur' de reconnaissance de l'autre-adversaire, virtuellement considéré comme un autre sujet de droit, présupposé dans la médiation, n'est pas toujours accessible aux parties, loin de là, et s'il leur est véritablement inaccessible, le contentieux judiciaire doit pouvoir s'imposer avec ses exigences, son coût moral et financier et ses vertus cathartiques.

L'institution judiciaire devra alors répondre présent, en tranchant efficacement et dans des délais raisonnables le litige, dans un sens ou dans un autre, avec l'assurance dépourvue de toute ambiguïté, qu'elle contribue à l'apaisement de la conflictualité au sein du corps social, et sans avoir à déplorer l'absence de recours à la médiation.

CHAPITRE 8

VERTUS DU CONFLIT ET DE LA CONFRONTATION

Comme évoqué précédemment, le discours de rejet du conflit (et de la conflictualité associée) l'assimile volontiers, à tort selon nous, à une pathologie sociale à dédaigner, alors que le fait en soi du conflit social et les vives réactions qu'il emporte n'a rien d'exorbitant et commande classiquement que l'institution judiciaire appréhende ces antagonismes et contradictions d'intérêts comme des problèmes à régler au sein du corps social et non comme des anomalies pathologiques à éviter ou à « déjudiciariser ».

Le conflit est toujours symptomatique. Certes, il n'a pas toujours la valeur que les parties voudraient parfois lui conférer. Mais s'il était besoin de se rassurer, l'expérience quotidienne en cabinet tend à montrer le peu d'inclination de nos contemporains à se confronter en justice à leur adversaire, voire même la crainte qu'une telle confrontation leur inspire et prouve qu'ils n'ont aucunement ce goût immodéré du contentieux que certains voudraient leur prêter. Ne devient pas quérulent qui veut.[54]

Dit autrement, les litiges/conflits que les justiciables soumettent à la justice ne relèvent pas de leur imagination pure et ne sont jamais vraiment factices ou sans substance,

---

[54] En revanche, il appartient aux juges et avocats, (spécialistes du contentieux et non pas seulement techniciens de l'application du droit qui implique bien d'autres considérations évoquées ici) d'assumer comme partie intégrante de leur métier le fait que les litiges sont traversés de conflits et de conflictualité, conscience qui permet de mieux discerner les enjeux qu'impliquent pour les justiciables leurs litiges et leur articulation aux conflits sous-jacents.

sauf tentations paranoïaques que les avocats s'efforceront en principe d'éconduire.

Aussi, tenter d'expliquer le manque supposé d'intérêt des justiciables français pour les procédures amiables et la médiation par « *une tradition de chicane d'un peuple procédurier* »[55] comme relevé par un fervent défenseur de cette pratique dans le rapport Magendi sur la Médiation d'octobre 2010, est une affirmation péremptoire, peu scientifique et contredite par les chiffres et la pratique quotidienne des avocats.

Comme rappelé brièvement par Simone GABORIAU[56] : « *Avec un taux d'à peine plus de 1000 litiges civils pour 100.000 habitants, la France occupe une place très en retrait, l'Allemagne atteignant le chiffre de plus de 2.000, l'Angleterre de plus de 3.000 et les Etats-Unis de plus de 5.000* ».

Cela devrait suffire à rassurer sur le fait que le fameux dicton « *mieux vaut un mauvais arrangement qu'un bon procès* » est, et demeure, une valeur sociale bien française toujours d'actualité…

L'on ne résistera pas à rappeler ici la place de la France quant au budget qu'elle entend réserver à la justice, puisqu'elle occupait, en 2020, la 21ème rang, sur les 26 pays européens recensés, dans le budget consacré au système judiciaire en % du PIB[57]. (En 2016 elle était au 23ème rang au sein de l'Europe des 28).

---

[55] Revue de la Famille, novembre 2018 n°1, Fabrice Vert « vade-mecum de la médiation dans le domaine judiciaire ».

[56] 'Déjudiciarisation et administration de la justice' Simone GABORIAU, Présidente de chambre honoraire de la cour d'appel de Paris dans « Déjudiciarisation » Mare et Martin 2013, citant « *la fonction politique de la justice* » (La découverte/Pacte Paris 2007).

[57] Source Conseil de l'Europe reprise par la Fondation IFRAP, la France apparaissant devant la Slovaquie, la Tchéquie, chypre, Malte, La Lettonie, la Hongrie, la Bulgarie, l'Estonie, la Roumanie, la Lituanie et la Grèce.

Quant au budget du système judiciaire par habitant, la France occupait, en 2020, le 13ème rang sur les 26 pays européens recensés, soit quasiment la dernière place des pays de l'Europe occidentale[58].

A noter enfin qu'au sein du Conseil de l'Europe, la France occupait, en 2012, « *le 37ème rang sur 43* », comme rappelé par Soraya AMRANI-MEKKI[59].

Et en ce qui concerne le nombre d'avocats, qui mesure plus précisément le besoin exprimé de recourir au droit ou à la justice, la France émarge au 25ème rang sur les 29 pays européens recensés avec, en 2022, 104 avocats pour 100.000 habitants contre 200 en Allemagne et 495 au Luxembourg et de l'ordre de 370 en Italie, 300 en Espagne et 162 en Belgique…[60], soit très en deçà de la moyenne européenne qui est de 172 avocats.

Quant au nombre de juges pour 1000 habitants, la France se situait, en 2020, dans le bas du classement européen avec 11,2 juges professionnels pour une médiane européenne de 17,6, l'Allemagne en comptant deux fois plus avec 25 juges pour 1000 habitants.[61]

La France peine donc à consacrer un budget significatif pour sa justice.

Plus fondamentalement, cette représentation de la psychologie d'un français procédurier est erronée et sert sans doute à valoriser la médiation et justifier de moins recourir au système judiciaire en n'hésitant pas à écorner, au passage, la pertinence des actions contentieuses

---

[58] Source Conseil de l'Europe reprise par la Fondation IFRAP, la France apparaissant devant Malte, la Belgique, la Finlande, le Danemark et Luxembourg.

[59] Soraya AMRANI-MEKKI « *déjudiciarisation et évolution des professions juridiques* », dans La déjudiciarisation. Mare et martin.

[60] Source justice.gouv.fr citée par la Fondation IFRAP

[61] Source Conseil de l'Europe citée par la Fondation IFRAP

engagées par les justiciables et leurs avocats devant les tribunaux.

Non, le contentieux judiciaire n'est pas un mode de résolution des litiges indigne ; il a ses mérites et doit pouvoir être mis en œuvre sans réticence et aller jusqu'à son terme faute d'amiable, quand bien même l'institution judiciaire y rechignerait faute de budget ou parce qu'elle y verrait matière à offuscation morale.

Le déni ou la colère qui s'exprime dans un contentieux judiciaire, n'est pas nécessairement le signe d'une régression indigne ou répréhensible, ni la preuve d'un enfermement têtu sans ressorts réels ou sans correspondance avec la réalité, mais plus sûrement l'expression d'affects négatifs liés à des évènements passés à la remémoration toujours douloureuse.

En d'autres termes, un état psychologique durable de 'déni' ou de 'colère' ne renvoie pas, par principe, à une faille psychologique injustifiable ou à une faiblesse morale inéligible au contentieux.

Sans faire ici l'apologie du contentieux judiciaire et de son effet possiblement cathartique, réparateur ou thérapeutique, l'on peut assurément se risquer à en faire l'éloge[62] en ce qu'il impose dans son sillage une vraie explication entre protagonistes, certes éprouvante, mais positive dans ses effets.

Le rôle majeur du contradictoire dans l'élaboration du conflit

C'est dans le cadre légal contraignant de la procédure judiciaire que la conflictualité des justiciables doit trouver à se gérer, c'est-à-dire à trouver les moyens de son déploiement, de son élaboration et peut-être de son

---

[62] Eloge du conflit M. Benasayag et A. del Rey Editions la découverte

tarissement, non sans avoir subi, au préalable, le choc de la contradiction, c'est-à-dire de la confrontation au récit adverse de l'histoire litigieuse ainsi qu'aux arguments de cet autre-adversaire qui donnera, à n'en pas douter, du fil à retordre, au risque assurément d'aviver pour un temps l'intensité conflictuelle.

L'on n'insistera jamais assez sur le rôle majeur que joue ce passage obligé du contradictoire qui impose aux plaideurs quérulents de se confronter à la vision du monde adverse, avec tout ce que cela comporte d'intolérable et de violence faite à leurs évidences et préjugés et les incite à réfléchir un tant soit peu aux réelles significations et enjeux de leur litige ainsi qu'à cette conflictualité intime qui les agite.

La décharge des tensions conflictuelles ainsi autorisée dans le cadre serré des règles du procès, n'est donc pas sans mérite, ni sans importance pour les justiciables.

Si le conflit ne peut se résoudre à l'amiable, c'est que des raisons évidentes, obscures ou peu avouables y font obstacle et rendent nécessaire l'intervention d'un tiers impartial pour le trancher.

La conflictualité n'est pas pure émergence d'affects sans correspondance avec la réalité vécue ; des faits de rupture, des faits fautifs et préjudiciables existent bel et bien, et ce quand bien même leurs implications morales et psychologiques et les tensions conflictuelles qu'ils entrainent dans leur sillage excèderaient la compréhension des juges ou des avocats.

L'on doit prendre la mesure du rôle décisif que peut jouer l'institution judiciaire pour des justiciables en proie à une forte conflictualité, ceux-ci pouvant y trouver un horizon et une direction propre à les inciter à mettre de l'ordre dans le fatras des considérations, représentations et affects qui les agitent à tort ou à raison, par la soumission au principe du contradictoire ainsi qu'à la décision judiciaire qui sera rendue dans un sens ou dans un autre.

A travers l'esquisse des significations cliniques très positives qu'implique le règlement des litiges dans le cadre d'un contentieux judiciaire classique, l'institution judiciaire ne se fait aucunement complice d'une conflictualité sans objet, inutilement couteuse ou chronophage, mais fait œuvre utile en tranchant dans un sens ou un autre, tout bien considéré, les différends qui lui sont déférés, tout en liquidant, au passage, de la conflictualité au sein du corps social.

Les bénéfices d'une « explication entre protagonistes »

Une explication entre protagonistes, c'est le procès d'élaboration interactive auquel participe chacun des protagonistes quant à la détermination de la part qui a été la sienne dans la production du litige ; c'est le fait en soi d'exposer, au risque de la contradiction, ses arguments et sa version des faits sur le « *comment et le pourquoi on en est arrivé là* » et de provoquer une réponse « contradictoire » de l'adversaire.[63]

Dit autrement, l'assomption du conflit et de l'inévitable confrontation associée impose un effort de mise à distance

---

[63] Paradoxalement, ces « explications entre protagonistes » se traduisent de manière minimaliste dans les protocoles transactionnels en droit du travail, par la reconnaissance du bout des lèvres, par l'employeur, de la part qui a été la sienne dans la production du litige. Ainsi, le texte des transactions ne restitue qu'à la marge les « explications » entre parties et contient plutôt des dénégations expresses quant à une éventuelle responsabilité de l'employeur, en stipulant une indemnisation mais « *sans reconnaissance d'une quelconque responsabilité de la part de l'employeur* », le présupposé étant que l'indemnisation implique implicitement mais nécessairement la reconnaissance d'une certaine responsabilité.

à proprement parler objectivant des ressentiments et des affects, à bien des égards salvateur.

Nul ne peut ignorer l'épreuve douloureuse et parfois cruelle du principe du contradictoire et de la confrontation qu'il impose aux parties de prendre connaissance des écritures adverses et de l'obligation corrélative d'y répondre en s'astreignant à une remémoration plus exigeante et plus ajustée du contexte litigieux.

Inversement, qu'en serait-il de la personne du justiciable qui transige à la hâte sans que les enjeux du conflit qui l'obsèdent, aient été, d'une manière ou d'une autre, mis au jour et âprement discutés, à travers un contentieux judiciaire à la temporalité longue ? [64]

Sans idéaliser les vertus cathartiques de l'épreuve du rapport de force à l'occasion de laquelle les parties pourraient même parvenir à se comprendre, se pardonner et trouver un compromis, ce qui se produit régulièrement, l'actualisation d'un échange sans concession, dans le cadre judiciaire, a nul doute des vertus réparatrices.

Le contentieux est propice aux élaborations objectivantes

La notion d'objectivation renvoie à la nécessité pour un justiciable d'accéder à ce qu'il y aurait « d'objectif » dans leur conflit, qu'il s'agisse de l'histoire telle qu'elle s'est déroulée factuellement, de la qualification des faits litigieux ou de l'interprétation du droit positif applicable.

Parler de procès d'objectivation insiste sur le caractère évolutif de la perception du litige par le justiciable, laquelle se transforme et s'hétérogénéise à travers le temps.

Ce sera par le biais d'élaborations juridico-cliniques requérant un effort réflexif et critique sur cette perception du conflit pour mieux en comprendre l'origine ou la cause,

---

[64] Cf. supra page 107 sur « *les dangers d'une proposition de médiation trop insistante* »

qu'un resserrement autour de ce qui peut être considéré comme « objectif » peut se faire.

La démarche implique donc un travail d'ajustement du récit et de son enchainement causal consistant essentiellement à ordonner logiquement les séquences qui jalonnent la genèse du contentieux en opérant des liens de causalité entre les faits et évènements retenus comme pertinents.

Au départ d'un contentieux, le premier récit du client sur l'origine supposé de son contentieux est généralement imprécis, simplifié et incomplet. S'agissant d'une première étape d'objectivation de l'histoire litigieuse dans sa factualité brute, il n'y a rien d'anormal à ce qu'elle porte la marque de sa subjectivité.

Par la suite et dans la perspective de la confrontation judiciaire qui s'annonce, le justiciable est indirectement incité à reprendre et retravailler son exposé.

L'approche juridico-clinique est propre à favoriser de telles élaborations objectivantes chez le justiciable, à défouir des représentations par trop subjectives pour les confronter à la thèse de son adversaire ou à susciter chez lui toutes sortes d'interrogations réflexives propres à faire émerger des perceptions-compréhensions de la situation litigieuse où la question de l'opportunité, du sens et de l'utilité d'un contentieux judiciaire à engager, est discutée sans tabou.

A cet égard la décision judiciaire vient parfaire ce procès d'objectivation en tranchant dans un sens ou dans l'autre.

Mais si le juge se soustrait, par malheur, à l'effort, tant attendu des parties, d'expliciter un tant soit peu la motivation qui sous-tend sa décision, (en prenant soin de justifier les qualifications des faits ou du droit retenues), il réduit à néant les efforts des parties à jouer le jeu du procès d'objectivation auquel elles se sont soumises et le débouté apparaitra comme une nouvelle injustice propre à réactiver, dans l'instant, affects négatifs et conflictualité de la partie qui succombe.

Quel avocat n'a pas assisté à la réaction très virulente du justiciable débouté de ses demandes npar une décision judiciaire dépourvue de toute motivation explicite[65] ? En telle hypothèse le conflit est porté en appel, la procédure condamnée à durer et la métabolisation par les parties de ses causes originaires renvoyée *sine die*.

Novation dans la perception du conflit

Ce faisant, le justiciable s'aventure sur des chemins qu'il ne s'imaginait pas, pour réaliser en fin de parcours, malgré lui, que les élaborations objectivantes auxquelles il s'est livré avec son Conseil quant à la mise à plat de son histoire litigieuse, l'ont conduit insensiblement à la percevoir différemment.

Un tel changement dans la représentation du litige/conflit modifie *ipso facto* la configuration du litige et peut décider le justiciable, dans le cours même de la procédure, à renoncer à poursuivre son combat judiciaire devenu inopportun ou sans objet ou, inversement, à renforcer plus que jamais sa détermination à se confronter judiciairement à son adversaire.

Ces déplacements de la représentation souvent imprévisibles pourraient bien être les avancées les plus importantes dans la dynamique résolutive des conflits, en particulier dans les contentieux de la rupture (rupture du contrat de travail, rupture du lien conjugal ou de

---

[65] Le cas n'est pas rare, loin de là, et une décision se bornant à viser les textes applicables et à reprendre les faits tels que rapportés par les parties ne saurait nullement raisonner un justiciable débouté, tout au contraire. Cela étant dit, l'absence de motivation explicite, assurément répréhensible, ne dit rien de la pertinence au fond de la décision rendue.

partenariats commerciaux, etc.) ou dans les contentieux de successions.

Le professionnel du contentieux sait qu'au-delà du litige se joue un 'conflit' aux enjeux complexes dont la liquidation dépend précisément de la personne du justiciable et de sa capacité à changer sa perception du litige ou, dit autrement, à opérer une novation dans sa représentation du conflit sous-jacent.

Mais nul ne sait dire quand et pourquoi un tel changement s'opère, tout cela restant au fond assez mystérieux.

La mise en mouvement de la conflictualité dans le cadre réglementé de la procédure judiciaire contribue significativement à faire bouger les lignes, à faire accéder le justiciable à une représentation plus ajustée de son conflit sous-jacent et à lui faire envisager, *in tempore suo*, une possible solution amiable.

A l'évidence, il n'entre pas expressément dans la mission des professionnels du contentieux de veiller à catalyser chez le justiciable une telle novation dans la représentation de son conflit. Mais ceux-ci le font très régulièrement et contribuent alors, de manière décisive et parfois même à leur corps défendant, à la résolution des conflits sociaux et à la paix civile.

Plus prosaïquement, il se peut également, pour des raisons inexplicables, que la conflictualité du justiciable ait fini par s'investir sur d'autres objets de conflit, ou par épuiser ses effets grâce aux implications positives et cathartiques du contentieux judiciaire qui aura su ouvrir un cadre autorisé à son déploiement via l'engagement d'un recours en justice devant une instance investie du pouvoir de trancher le litige au moyen d'un jugement de condamnation de l'adversaire.

Cette novation dans la perception du litige peut résulter enfin de la simple opportunité donnée au justiciable de tenir une position intransigeante d'opposition résolue au déni de son adversaire, ou encore, vu d'une perspective juridico-clinique, des vertus de la confrontation judiciaire propre à catalyser ses potentialités réorganisatrices, ou enfin, du fait qu'une condamnation même de principe ait été prononcée contre son adversaire…

Temps facturable et accompagnement

L'on devine qu'à susciter des échanges de ce type avec un client venu au cabinet avec la résolution d'entamer sans plus attendre une action en justice, le professionnel du contentieux prend le risque de perdre une opportunité économique.

Il en va d'une certaine vérité, mais le risque reste somme toute assez théorique.

En effet, craindre de perdre un client ou une occasion d'engager une procédure pour son compte, reviendrait à oublier un peu vite que ces échanges juridico-cliniques consacrés non seulement à réfléchir au sens, à la portée et à la pertinence tout bien considéré de l'engagement d'une telle action mais également à passer au crible la genèse du litige/conflit et les interactions des protagonistes, sont autant de temps utile consacré au dossier contribuant puissamment à la résolution du litige et, à ce titre, facturable au justiciable.

Il n'y a donc pas à redouter de faire perdre du temps à son client, ou au cabinet, mais bien au contraire de considérer que ce temps consacré à une écoute bienveillante et critique ainsi qu'à ce procès d'élaborations objectivantes du litige/conflit, est au cœur de la dynamique résolutive du conflit.

Surabondamment, la démarche juridico-clinique ainsi appliquée, gage de prudence et de professionnalisme, aboutira bien plus sûrement à construire pour le long terme une relation de confiance et une réputation de sérieux pour le professionnel du contentieux.

C'est donc sans crainte de perdre une opportunité économique, que l'avocat pourra assister et accompagner son client dans ce procès en objectivation de son litige/conflit, dans le cadre d'entretiens « juridico-cliniques » qui seront autant d'occasions d'échanges francs et sans tabou sur les 'vrais' enjeux du contentieux, à même d'arrêter la stratégie la plus ajustée à la tourmente contentieuse qui s'annonce.

L'on n'insistera jamais assez sur l'importance de l'accompagnement juridico-clinique des justiciables, pour la raison notamment très pratique que le contentieux est toujours évolutif, que le conflit se déplace, que les représentations du conflit ou du rapport à la dette se transforment à travers le temps, sous l'effet, également, des opportunités de rebondir qui se présentent à eux dans l'après coup de l'engagement de la procédure.

L'accompagnement implique en effet plus particulièrement de se rendre disponible pour réactualiser les enjeux évolutifs du litige/conflit au cours des différentes étapes du contentieux qui sont autant d'occasions, pour l'avocat et son client, de faire le point sur la pertinence de poursuivre les procédures ou sur les occasions nouvelles à saisir pour transiger.

A dire vrai, cette notion d'accompagnement est peu valorisée pour ne pas dire inexistante dans la présentation du métier d'avocat dont la mission est, officiellement, de faire application de raisonnements juridiques à des situations litigieuses en saisissant au besoin les tribunaux.

Cela est assurément dommageable l'accompagnement étant essentiel au bon aboutissement du contentieux.

Encore une fois, la finalité de la justice n'est pas tellement pour un justiciable d'avoir in fine 'raison juridiquement', mais de trouver une issue à son conflit par la transformation du rapport de force avec cet autre-adversaire en une relation avec son prochain...[66] C'est l'horizon en filigrane de l'accompagnement.

Le moment de la liquidation du conflit

Nulle intention en développant ici les vertus du contentieux judiciaire de minorer l'importance d'avoir à favoriser la voie amiable dans ces litiges hautement conflictuels.

Notre propos est d'insister sur le fait qu'un noyau possiblement irréductible du conflit doit être pris au sérieux et que la résistance affichée d'une partie à la voie amiable pourrait simplement signifier que son heure pour transiger n'a pas encore sonnée, la seule question demeurant de savoir, si elle doit vraiment sonner un jour et quand.

Inapte pour l'heure à tout échange direct avec son adversaire, cette partie au litige n'aura d'autre choix que de se soumettre sans attendre à l'épreuve du rapport de force contentieux conçu comme une occasion, peut-être décisive, d'en finir avec cette envie d'en découdre, de dire la « vérité en face » à cet autre-adversaire, de donner un peu de champ aux ressentiments et à l'agressivité refoulée et de défouir cette conflictualité qui la hante, quitte à transiger ultérieurement.

Une fois passé le choc de l'évènement litigieux (rupture abusive du contrat de travail, rupture du lien conjugal ou rupture brutale de partenariats commerciaux, etc.), le

---

[66] Le philosophe Paul Ricoeur ne dit pas autre chose : « *Je pense que l'acte de juger a atteint son but lorsque celui qui a, comme on a dit, gagné son procès se sent encore capable de dire : mon adversaire, celui qui a perdu, demeure, comme moi un sujet de droit ; sa cause méritait d'être entendue ; il avait des arguments plausibles et ceux-ci ont été entendus* ». Dans 'L'acte de juger' : intervention prononcée dans le cadre de l'Institut des hautes études pour la justice (IHEJ) publiée dans Esprit, juillet 1992.

justiciable est susceptible de traverser divers états psychologiques tels que le déni, la colère, la tristesse, la résignation et enfin la reconstruction, pour reprendre les phases du deuil suggérées par le Dr. Kübler-Ross[67].

Si l'on se réfère à cet ordre, l'on comprend que dans les phases initiales de 'déni' ou de 'colère', l'offre amiable est vouée à l'échec, alors qu'en phase de 'reconstruction' elle peut être reçue positivement.

Mais qui peut vraiment dire à quelle phase en est une partie, à supposer d'ailleurs qu'elle doive nécessairement passer par toutes ces phases identifiées du deuil ? Qui peut dire si la phase de déni ne va jamais cesser ou si l'on est en présence d'un blocage psychologique structurel voué à perdurer ?

C'est aux intervenants que revient cet arbitrage, cette tâche difficile de discerner chez un justiciable ces points irréductibles en litige tellement sensibles et symptomatiques qu'ils font barrage à tout échange constructif.

Malheureusement, aussi bien intentionnés qu'ils soient, avocats ou médiateurs se trouvent bien démunis face à un justiciable qui, pour l'heure, résiste et s'en tient, inexplicablement, à une posture de 'déni' ou de 'colère', rejetant, pour reprendre les étapes du deuil suggérées, toute idée 'd'accepter' quoique ce soit et donc de 'passer à autre chose' ».

La proposition de médiation est toujours la bienvenue

D'une certaine manière, la médiation relève de l'acte de foi et présuppose de la part des professionnels du contentieux de croire en une possible issue amiable et en

[67] Psychiatre suisse distinguant cinq étapes du deuil rassemblées sous l'acronyme 'DABDA' : Denial, Anger, Bargaining, Depression, Acceptance.

une capacité 'retrouvée' des parties à s'accorder raisonnablement sur leur différend. Mais rien n'est jamais gagné et rien n'est jamais garanti.

En pratique, l'offre audacieuse de suivre une médiation ou toute autre démarche amiable (MARD) est régulièrement récompensée par l'acceptation-surprise, jusqu'alors inconcevable, d'une partie de s'y soumettre et donc de passer outre son 'déni' ou sa 'colère', pour les transformer successivement en 'reconstruction'.

D'autres fois, cette offre aussi sincère soit-elle est battue froid par une partie incapable d'élaborer, dans le cadre d'échanges amiables contradictoires, sur la perception qu'elle a des enjeux du conflit, ou de chercher réflexivement à en comprendre la genèse.

Dans ce cas, le processus de médiation est perçu comme offensant et le médiateur peut s'attendre à une réaction véhémente, ne pas s'en offusquer et renvoyer à plus tard son intervention.

Reviendra alors aux conseils de poursuivre la procédure judiciaire, de laisser le fer des affects et des arguments juridiques se croiser encore quelque temps et de choisir le moment optimal pour renouveler une offre de médiation, passée l'épreuve d'une première confrontation.

Il y a toute une réflexion à mener sur le « moment » de la médiation.

Temps long du contentieux judiciaire et temps plus court de la Médiation

Il ne faudrait pas que la médiation (comme tout autre MARD) soit conçue comme une méthode efficace et rapide de résolution des litiges venant conforter une vision libérale de courte vue, incitant les parties à régler au plus vite leurs différends qui les situeraient en dehors de la norme sociale, alors qu'un dénouement amiable réclame traditionnellement du temps, de la maturation et de l'expérience, autant d'aspects qui s'inscrivent dans le temps long[68].

En d'autres termes, il ne faudrait pas que la médiation s'abandonne à la dictature du règlement immédiat des litiges et renie sa démarche proprement clinique en devenant le nouveau modèle de MARD rapide, efficace et expéditif délaissant au passage son approche à proprement parler « clinicienne » du conflit.

L'histoire de la justice montre d'ailleurs comment le pouvoir législatif a 'naturellement' mis en place des règles de procédure et un cadre de règlement des litiges inscrit dans le temps long, conscient que leur formalisation juridique masque le plus souvent des conflits et des enjeux personnels et complexes commandant d'accorder aux justiciables le temps 'psychologique' nécessaire pour absorber le choc de la réclamation de l'adversaire, la métaboliser et y apporter une réponse argumentée à l'aide de son Conseil…

Entendre la contradiction et s'organiser pour y répondre, prend du temps…

Conclusion

Est bien réel le risque d'un dévoiement d'une proposition de Médiation dont le but serait de faire échapper tout conflit naissant au rapport de force juridico-judiciaire et au temps long de la procédure[41] en opérant sur fond de négation de la conflictualité.

[68] Eloge du conflit M. Benasayag et A. del Rey Editions la découverte

CHAPITRE 9

GESTION DE LA CONFLICTUALITE PAR L'INSTITUTION JUDICIAIRE

Innombrables sont les cas où les justiciables en interaction avec leurs contemporains se retrouvent confrontés à la justice, que ce soit lors de procédures prud'homales liées à des ruptures de contrats de travail, ou lors de procédures de séparation/divorce ou post-divorce, de procédures commerciales pour rupture de relations d'affaires ou encore lors de liquidation-partage de succession ou de régimes matrimoniaux opposant cohéritiers ou ex-conjoints.

C'est tous ces contentieux de masse qui font le quotidien de la justice civile au sens large et singulièrement ce '*contentieux de la rupture*' qui obligent à porter la réflexion sur la façon optimale de gérer/liquider cette conflictualité générée par les bouleversements causés par ces ruptures propres à la vie sociale.

Certes, les justiciables se doivent d'apprendre à métaboliser leurs conflits, intérieurement et silencieusement, à l'abri des regards médiatiques et à distance de l'institution judiciaire.

Mais s'ils n'y parviennent pas, revient à la justice civile, investie de la fonction majeure de pacification de la société civile et d'apaisement des conflits sociaux, de proposer le cadre le plus adapté pour accueillir ces situations parfois hautement conflictuelles et les traiter au mieux.

Mission essentielle qui concourt, à n'en pas douter, à redonner des couleurs à des existences bouleversées par des conditions de rupture parfois traumatisantes, en attente de réparation.

Le champ de la vie sociale est ainsi rythmé par ces ruptures-choc intervenant parfois dans des contextes abusifs et brutaux et dont les effets sur la vie de nos contemporains sont prégnants.

Tout cela parait bien acquis et tout le monde s'accordera à dire que ce pouvoir de *juridictio* de la justice civile remplit une fonction majeure.

Prendre au sérieux cette conflictualité sociale tout à la fois générée et subie par les justiciables et y répondre efficacement, est l'enjeu de la justice de demain.

L'importance et la portée du contentieux civil

En présence d'un noyau de conflictualité irréductible qui se signale avec force, s'impose à l'institution judiciaire d'abandonner toute perspective de médiation, d'inscrire au rôle du tribunal le nouveau litige/conflit et de trancher le différend dans des délais de procédure raisonnables.

Si l'on peut déplorer certains contentieux qui semblent stériles et constituer une occasion de régression pour les parties ayant plus à voir avec une intention de nuire ou une organisation psychique type quérulente qu'avec une vraie volonté de défendre des intérêts parfaitement circonscrits, revient néanmoins toujours et encore à l'institution judiciaire d'organiser au mieux la résolution de ces contentieux, ne serait-ce que pour soutenir la partie qui subit cette régression.

Au cours des dernières années, la gestion par l'institution judiciaire des contentieux montre une tendance lourde qui ne se dément pas, à imposer aux justiciables des délais de procédure très longs et, dans le même temps, à leur enjoindre, de plus en plus systématiquement, de suivre des médiations, avec l'objectif plus ou moins avoué de s'éviter d'avoir à répondre à toutes les demandes en justice et de désencombrer les rôles des juridictions, désaveu de leur pouvoir de *juridictio* [69].

Cette politique de « déjudiciarisation » des conflits masque mal les contraintes budgétaires et d'organisation qui en sont à l'origine et obéit bien plus à une volonté de sortir certains contentieux de l'orbite judiciaire qu'à vraiment favoriser un mode plus doux de résolution des litiges.

Une attention aussi soutenue à la médiation a ses ambigüités et pourrait bien avoir pour effet de déconsidérer le travail de l'ensemble de la communauté judiciaire consistant dans l'élaboration discrète et infiniment précieuse de la jurisprudence qui s'opère à travers les écritures des avocats et les décisions des magistrats qui chaque jour s'efforcent de répondre aux innombrables demandes de justice.

« Finalité longue de la justice » : pacification des relations sociales

C'est bien cet apport de la jurisprudence dans le temps long qui contribue bon an mal an à la pacification du corps social et à l'apaisement de ses tensions, finalité ultime de l'institution judiciaire qui excède sa finalité première qui a en ligne de mire la défense de l'ordre public, la sécurité des citoyens et le respect formel de l'état de droit et ses règles du droit.

C'est bien ce que rappelle, à sa manière, le philosophe Paul Ricœur lorsqu'il évoque, à propos de la justice, sa « *finalité longue, plus dissimulée sans doute, à savoir la contribution du jugement à la **paix publique*** » : au-delà de

[69] Certains magistrats n'hésitent pas, en effet, à ordonner « *des injonctions de médiation* » en contradiction avec le principe d'une médiation libre et non obligatoire…, et que les justiciables se sentent plus ou moins tenus « *d'accepter* », sauf à déplaire au juge…

« l'opération considérable qui a consisté pour l'Etat, à retirer aux individus l'exercice direct de la justice, et d'abord de la justice vengeance, il apparait que l'horizon de l'acte de juger c'est finalement plus que la sécurité, ***la paix sociale****... la finalité de la paix sociale fait apparaitre en filigrane quelque chose de plus profond qui touche à la reconnaissance mutuelle ; ne disons pas réconciliation ; parlons encore moins d'amour et de pardon, qui ne sont plus des grandeurs juridiques, parlons de* reconnaissance. *Mais en quel sens ? Je pense que l'acte de juger a atteint son but lorsque celui qui a, comme on a dit, gagné son procès se sent encore capable de dire : mon adversaire, celui qui a perdu, demeure, comme moi un sujet de droit ; sa cause méritait d'être entendue ; il avait des arguments plausibles et ceux-ci ont été entendus. Mais la reconnaissance ne serait complète que si la chose pouvait être dite par celui qui a perdu, celui à qui on a donné tort, le condamné ; il devrait pouvoir déclarer que la sentence qui lui donne tort n'était pas un acte de violence mais de reconnaissance »*[70].

Même si la citation qui précède semble plus inspirée du droit pénal, reste qu'elle exprime clairement ce qu'il en est de la finalité longue de la justice civile (« *paix publique* », « *paix sociale* ») dans une société complexe, laquelle contribue à instaurer, au lieu et place du rapport de force initial, un nouveau type de relation avec cet autre-adversaire.

Et la mise en œuvre effective des règles de procédure à travers essentiellement le principe du contradictoire, comme évoqué précédemment [71], participe grandement à

[70] 'L'acte de juger' : intervention prononcée dans le cadre de l'Institut des hautes études pour la justice (IHEJ), Esprit, juillet 1992.

[71] Notamment par l'effort qu'il impose au justiciable de rentrer dans la logique de son adversaire et de comprendre sinon d'approcher sa vision

cette finalité longue au-delà du maintien de l'ordre et de la sécurité, finalité immédiate de la justice, certes essentielle mais dont l'horizon essentiel est de couper court à l'incertitude par la force du droit.[72]

Tout ce travail d'élaboration et de remaniement par un litigant de ses propres représentations du litige connaissance prise de la position argumentée de son adversaire, concourt directement à la finalité longue de la justice, dans le sens où il contribue, ainsi que nous l'avons vu, à la transformation du rapport de force qui l'oppose à son ennemi juré en une relation où celui-ci se mue en adversaire-sujet-de-droit, puis *in fine* en prochain.

L'opération de novation du rapport de force brut qui devient relation avec cet autre prochain est, à proprement parler, constitutive de la finalité longue de la justice en ce qu'elle contribue, discrètement mais surement, à l'apaisement des relations sociales.

C'est d'ailleurs bien ce qui fait tout l'intérêt du travail des avocats dans la gestion des contentieux lorsque ceux-ci ont pu apporter leur concours, localement et de manière décisive, à cette novation d'ordre qualitatif des rapports sociaux conflictuels entre leurs clients et leur environnement.

Il en est de même évidemment des médiateurs qui collaborent également à cette finalité longue de la justice mais d'une manière sans doute plus officielle en raison du cadre spécifique de leur intervention, qui présuppose une adhésion personnelle des justiciables au processus de médiation compris et reconnu comme œuvrant à la paix sociale, par création d'un espace original propice à la conclusion d'accords amiables.

---

du monde etc. et donc d'avoir à remanier ses propres représentations du litige et à repenser sa compréhension des faits litigieux,

[72] Ce qui est assez bien résumé dans l'adage : « *Res judicata pro veritate habetur* ».

Et l'intérêt porté par les médias et les politiques à la justice pénale plus occupée à garantir sécurité et ordre public qu'à œuvrer en faveur d'une reconnaissance de cet autre-adversaire, porte ombrage à cette finalité longue de la de la justice civile dont les jugements ont un impact direct et décisif sur la vie quotidienne de nos contemporains.

Est ici concerné tout le contentieux de la rupture : celui de la rupture brutale des relations de travail, celui de la rupture du lien conjugal, celui de la rupture des partenariats commerciaux en tous genres ou encore le contentieux des successions, voire les conflits de voisinage sans doute moins glorieux, autant de contentieux en tous genres qui constituent le tout venant de la justice civile.

D'une certaine façon, cette justice civile a plus explicitement pour visée d'œuvrer à un apaisement de la vie sociale dans tous les domaines où elle est sollicitée, et ses décisions, moins médiatiques, n'en sont pas moins déterminantes pour le vivre-ensemble et singulièrement lorsqu'elle parvient, dans le cadre de sa mission juridictionnelle, à liquider cette conflictualité qui obsède les justiciables non sans impact direct sur leur entourage immédiat.

Si la politique judiciaire se mobilise plus pour la justice pénale, seul et vrai marqueur officiel de l'efficacité d'un gouvernement en matière de justice, (à raison notamment du fait qu'opinion publique et partis politiques se mobilisent plus facilement sur les affaires dites pénales [73] qui, par nature, portent atteinte à l'ordre et accaparent la grande majorité du budget de la justice), elle semble bien moins concernée par cette finalité longue de la justice civile

---

[73] « *plus de 40 réformes de droit pénal et procédure pénale en 18 ans* », dénonce François MOLINS procureur général près la Cour de Cassation le 10 janvier 2022.

et sa contribution majeure dans l'apaisement de la vie civile des justiciables à raison précisément de sa gestion fine et plus sensible de la conflictualité sociale.

Cette contribution commence avec l'accueil des justiciables au sein des cabinets d'avocats, passe par le jeu et contre-jeu des arguments des parties, se poursuit avec les plaidoiries des avocats et s'achève dans un jugement dûment motivé en cohérence avec le corpus de droit positif, sa jurisprudence et les valeurs sociales qui les fondent.

D'une manière originale, Paul Ricœur insiste sur la « *dimension communautaire sous-jacente* » de la justice en ayant recours à la métaphore du partage : « *dans partage, il y a part, à savoir ce qui nous sépare : ma part n'est pas votre part ; mais le partage c'est aussi ce qui nous fait partager, c'est-à-dire, au sens fort du mot : prendre part à... J'estime donc que l'acte de juger a pour horizon un équilibre fragile entre les deux composantes du partage : ce qui départage ma part de la vôtre et ce qui, d'autre part, fait que chacun de nous prend part à la société* »[75].

Cette insistance sur la finalité longue de la justice, d'ordre social ou sociétal, force à repenser toujours et encore le litige dans sa dimension « communautaire », puisque derrière le litige civil, il y a, comme évoqué, le conflit et, à l'arrière-plan, des tensions sociales et une agressivité qui ne sont jamais loin et qu'il incombe à l'institution judiciaire de transmuter en paix sociale.

C'est bien à l'aune de la capacité de la justice civile à gérer et liquider la conflictualité sociale que celle-ci doit être évaluée, c'est-à-dire bien au-delà du fait de rendre des décisions techniquement conformes au droit et à la légalité[76].

Difficile cependant de faire une évaluation qualitative du système judiciaire à l'aune de cette finalité longue qui exige

---

[75] Ibid.

[76] D. SALAS. Le Débat (Gallimard) n°143, janvier-février 2007

de pouvoir apprécier la capacité du système à liquider effectivement la conflictualité dans le corps social et plus précisément à mettre en œuvre un mode de gestion des conflits répondant à des attentes fondamentalement humaines difficilement quantifiables.

Une telle évaluation pourrait se faire notamment à l'aune du temps passé, matériellement mesurable, par les magistrats sur les dossiers et que ces derniers jugent très insuffisant pour rendre une justice de qualité, temps trop systématiquement comptabilisé, comme relevé par Soraya AMRANI-MEKKI, à l'époque de la commission Guinchard : « *Les postulats sur lesquels repose la déjudiciarisation sont simples. Elle permettrait un gain de temps et un gain d'argent. Or, ce raisonnement est largement contestable et marque une obsession pour le calcul tant de la durée mathématique des procédures que des sommes dépensées* »[77].

Evaluer la 'Justice civile' ne peut pas se borner au comptage des décisions conformes au droit et à la légalité[78], ni aux statistiques du nombre de décisions rendues, ni au pourcentage du PIB consacré à la justice par comparaison aux autre pays européens, etc. autant de critères d'ordre quantitatif dénoncés dans l'appel des 3000 magistrats publié dans une tribune du journal le monde du 23

---

[77] Cité dans '*Déjudiciarisation et administration de la justice*' Simone GABORIAU, Présidente de chambre honoraire de la cour d'appel de Paris dans « *Déjudiciarisation* » Mare et Martin 2013.

[78] « *Une amélioration de la qualité de la justice impose à l'activité judiciaire d'être attentive à ses résultats, à son effectivité, à son impact sur le justiciable, bref d'être conséquente avec elle-même* (…) *Là plus qu'ailleurs les limites du vieux 'légicentrique' se fait sentir. Dans ce modèle, la décision est référée aux motifs juridiques évalués en interne par les cours supérieurs au regard de la légalité. Dans un modèle orienté vers le public, la construction de la confiance privilégie des critères d'évaluations extérieurs* ». D. SALAS. LE DEBAT (Gallimard) n°143, janvier-février 2007.

novembre 2021, dénonçant « *une justice qui n'écoute pas, qui raisonne uniquement en chiffres, qui chronomètre et comptabilise tout* », « *une vision gestionnaire du métier* »[79] et qui a recueilli pas moins de 7000 signatures (magistrats, greffiers, avocats…) et qui s'inquiète, comme bien d'autres et depuis longtemps, du manque de moyens de la justice et des conditions de travail intenables des magistrats.

Et les critères quantitatifs tels que le nombre de décisions rendues ou le pourcentage du PIB consacré à la justice en comparaison des autres pays européens, montrent du reste la faible mobilisation des pouvoirs publics français pour la justice en général et la justice civile en particulier.[80]

Le rôle des avocats dans la justice civile

Il faut souligner le rôle essentiel des avocats dans cette finalité longue de la justice civile, assez peu reconnu par les législateurs successifs, alors que leurs cabinets sont les premiers réceptacles de ces tensions sociales qu'il leur revient d'accueillir et de formaliser avant de les relayer auprès de l'institution judiciaire à défaut d'accord amiable.

Insistons ici sur la mission des instances ordinales (Conseil National des Barreaux et Ordres des avocats) dans les représentations ajustées qu'il leur incombe de construire et transmettre quant à la finalité du métier d'avocat et quant aux orientations à suggérer pour l'avenir des barreaux.

A cet égard, elles gagneraient à se faire les ambassadeurs de la profession d'avocat en ayant spécifiquement en vue l'explicitation de cette dimension sociale et communautaire d'apaisement et de pacification de la vie des justiciables qu'implique l'intervention des avocats dans le règlement

---

[79] Tribune dans le journal LE MONDE du 23 novembre 2021 : « L'appel de 3000 magistrats et d'une centaine de greffiers : '*Nous ne voulons plus d'une justice qui n'écoute pas et qui chronomètre tout*' ».

[80] Voir les chiffres rappelés au chapitre VIII

des litiges civils, par-delà leur travail technique de qualification et d'interprétation, lorsqu'ils s'efforcent de donner à la conflictualité de leurs clients les moyens d'expression idoines (amiables ou judiciaires) en vue de sa possible liquidation.

Une telle insistance à appréhender la contribution décisive des avocats à l'aune de cette finalité longue, aurait ainsi l'immense mérite de valoriser l'activité judiciaire civile à un endroit où elle mérite de l'être.[81]

Et l'on ne peut que souligner le travail considérable accompli en amont des contentieux par les avocats, en contact direct et premier avec les justiciables consistant à jauger le niveau de conflictualité des litiges qui leur sont confiés, pour tantôt engager le fer du contentieux judiciaire dans la conviction que là est, tout bien considéré, le salut de leurs clients, tantôt « *freiner l'appétence judiciaire de leurs clients* »[82] pour reprendre la formule de Mme Simone GABORIAU et les aider à liquider à l'amiable leurs litiges moyennant la conclusion de protocoles transactionnels privés (innombrables et non répertoriés dans les statistiques du Ministère de la justice).

L'on entrevoit de la sorte l'importance de la mission d'accompagnement qui est (et devrait être) la leur, tout au

[81] Elle aurait surabondamment l'heureux effet de soustraire les avocats au préjugé d'une défense corporatiste du contentieux judiciaire pour contrer la déjudiciarisation en cours ou les injonctions de médiation, en les faisant apparaitre comme des acteurs associés à tout ce qu'implique la gestion de la conflictualité au sein du corps social.

[82] 'Déjudiciarisation et administration de la justice' Simone GABORIAU, Présidente de chambre honoraire de la cour d'appel de Paris dans « Déjudiciarisation » Mare et Martin 2013.

long des procédures[84], lorsqu'il s'agit notamment d'arbitrer avec leurs clients entre les divers moyens, amiables ou judiciaires, susceptibles de mettre un terme aux litiges qu'ils ont mission de régler.

La défaveur du judiciaire

La politique judiciaire de la justice civile assume aujourd'hui de laisser s'allonger les délais de traitement effectif des dossiers contentieux dans des conditions parfois difficilement imaginables.

Elle assume également de restreindre et compliquer l'accès au droit et à la justice.

Elle complexifie significativement les règles de procédure et crée de multiples chausse-trappes procéduraux entrainant autant de causes d'irrecevabilité.

Très illustratives sont les lois récentes qui ont restreint l'accès au droit en raccourcissant significativement les délais de prescription des actions en justice[85] en toutes matières (droit du travail, droit civil, droit commercial) assumant qu'une demande en justice, serait-elle bien fondée, soit déclarée irrecevable faute d'avoir été présentée dans les délais légaux désormais très courts.

L'exemple le plus éloquent est celui de la prescription extinctive en matière prud'homale réduite à seulement un an pour toute action en contestation de la rupture du contrat

---

[84] Il y aurait beaucoup à dire sur la notion d'accompagnement qui est à la base même de l'approche juridico-clinique ici exposée (cf. développement précédent « *Temps facturable et accompagnement*) en particulier sur les significations pratiques qu'elle revêt quant à la relation avocat-client.

[85] Loi du 17 juin 2008 sur la prescription extinctive en matière civile qui réduit des délais historiquement de 30 ans à 5 ans (actions personnelles ou mobilières, actions réelles immobilières) ou de 30 ans à 10 ans (actions en responsabilité contractuelle contre les constructeurs et les sous-traitants, les actions en exécution des titres exécutoires).

de travail (qu'elle soit intervenue pour cause personnelle ou motif économique), action à laquelle les salariés ont majoritairement recours, à deux ans pour les actions relatives à l'exécution du contrat de travail et enfin à 3 ans (au lieu de 5) pour les actions en paiement ou répétition de salaires.[86]

Sans craindre de se contredire, le législateur s'est, à l'inverse, accordé des facilités pour agir en doublant les délais en matière de prescription pénale afin de permettre au représentant de l'Etat d'agir à sa guise sans être enfermé dans des délais trop stricts, en les portant respectivement jusqu'à 12 ans et 30 ans pour les délits et les crimes.[87]

Cette politique restrictive, qui a un impact direct sur les justiciables, assume ainsi, de plus en plus, le risque de maintenir au sein du corps social des tensions et de la conflictualité sans structure d'accueil pour les traiter/liquider.[88]

Dans le même esprit, on en vient également à des querelles byzantines sur des questions de pure forme portant, par exemple, sur le fait de savoir s'il est possible d'annexer, valablement, à une déclaration d'appel renseignée sur la plateforme du RPVA une page supplémentaire et si oui comment y procéder.

La cour suprême s'est mêlée à cette querelle pratico-pratique, dans un arrêt du 13 janvier 2022, pour dire qu'une telle annexe n'était possible que dans la mesure où les avocats rencontraient une limite technique de 4.080 caractères pour établir leur déclaration, ce qui avait suscité alors une intervention du Ministre de la justice qui a publié

---

[86] Cf. Loi de sécurisation de l'emploi du 14 juin 2013 et Ordonnances du 22 septembre 2017.

[87] Cf. Loi n°2017-242 du 27 février 2017 portant réforme de la prescription en matières pénale.

[88] Voir notre développement infra sur « *le report sur les justiciables de la pression contentieuse* ».

un décret daté du 25 janvier 2022 modifiant l'article 901 du code de procédure civile, afin de permettre aux avocats de joindre une telle annexe à leur déclaration d'appel quand bien même la limite des 4.080 caractères n'aurait pas été atteinte.

L'arrêt précité avait également suscité dans l'intervalle des réactions du Conseil National des Barreaux et du Ministre pour étendre la limitation du nombre de caractères à 8.000…

Puis, en raison d'incertitudes liées à des interprétations divergentes de Cours d'appel sur ce problème technico-pratique, la Cour de cassation est, à nouveau, intervenue, sous la forme cette fois d'un avis officiel en date du 8 juillet 2022, pour lever toute difficulté.

Enfin un décret du 29 décembre 2023 ordonnera la « consécration » de la possibilité d'ajouter une annexe à la déclaration d'appel (article 301 du Code de la Procédure Civile).

Que d'interventions et de mobilisations d'instances et d'autorités judiciaires pour un point insignifiant totalement éloigné des préoccupations fondamentales qui devraient être celles de la justice quant à la nécessité de rendre justice et trancher les dossiers sur le fond.

S'il importe de s'assurer que la procédure a bien été respectée pour valider formellement le processus conduisant à une décision sur le fond, il ne faudrait pas que la forme l'emporte sur le fond, que l'excès de formalisme imposé (à peine de priver, par exemple, le justiciable d'un recours en appel) entraine toute la communauté judiciaire dans des débats irrelevants et gaspille l'énergie d'intervenants de bonne volonté dans des querelles aussi techniques que dérisoires.

Autre exemple en matière prud'homale, portant sur le fait de savoir si une déclaration d'appel moyennant la formule « *appel sur l'ensemble du dispositif du jugement* » doit être rejetée faute de reprendre, l'un après l'autre, tous les éléments du dispositif du jugement dont il est précisément fait appel... La chambre sociale de la Cour de cassation a décidé de rejeter toutes les déclarations d'appel faites au moyen de cette formulation pourtant explicite et dépourvue d'ambiguïté.

Cette jurisprudence extraordinaire, d'un formalisme achevé, aura donc entraîné la conséquence radicale et assumée, dans l'intérêt bien compté des cours d'appel et de leurs magistrats débordés, de priver les justiciables de leur droit à un second degré de juridiction, non sans avoir mobilisé, durant des mois, l'énergie argumentative, ici ratiocineuse, de toute la communauté des juristes (juges, avocats et doctrine comprise).

Elle aura fait couler beaucoup d'encre sur une question de pure forme sans justification sérieuse sur le fond avec la conséquence radicale du rejet du recours en appel.[89]

Les exemples abondent de ces débats irréels qui, insensiblement, nous éloignent de l'objet même de la justice qui, faut-il le rappeler, est de rendre des décisions justes sur le fond dans des délais raisonnables et dans le

---

[89] Cela nous renvoie à toute une réflexion sur l'économie de l'énergie intellectuelle consacrée à l'activité judiciaire ; grâce aux nouvelles technologies, le temps libéré de l'avocat ou du juge devrait pouvoir s'investir dans la recherche du juste, c'est-à-dire dans le travail très spécifique de connexion du droit aux situations litigieuses (qualifications des faits, interprétations du droit) ou encore dans tout le travail jugé selon nous essentiel d'accompagnement des justiciables dans le contentieux.

Mais, au lieu de profiter de cette aubaine du temps libéré, l'énergie intellectuelle s'épuise en connaissance du droit positif sans cesse changeant, à passer au crible les nouvelles dispositions issues de lois de fond ou de procédure récemment promulguées, toujours plus nombreuses et toujours plus complexes, à repérer les dernières jurisprudences ou à lire des articles de doctrine sur des questions de procédure dont la pertinence peut être interrogée, comme celle évoquée ici sur la forme que doit prendre une déclaration d'appel prud'homal…

respect, certes, du formalisme légal, mais sans jamais perdre de vue la finalité longue de la justice.

En somme, est de plus en plus assumée aujourd'hui le risque de laisser en l'état des tensions sociales sans recours en justice pour les traiter et donc de maintenir sur les justiciables la charge conflictuelle à laquelle ils sont exposés.

Ce qui revient d'une certaine manière à postuler, sans vraiment l'avouer, qu'il incombe à ces derniers de supporter personnellement le coût moral, financier ou psychologique de cette conflictualité, avec le risque toutefois de provoquer chez eux violence, colère et frustration. On est loin de l'objectif de pacification de la vie civile.

L'insistance développée ici à réfléchir à la dynamique conflictuelle des litiges et notamment à l'économie de la conflictualité qui les sous-tend, revient à donner toute sa place à la dimension qualitative de la justice c'est-à-dire à une recherche, par principe sans limite, du meilleur service à rendre aux justiciables, démarche difficilement conciliable avec une volonté de limiter le nombre de magistrats pour des raisons budgétaires, puisqu'avec 11,2 juges professionnels pour 1000 habitants (pour une médiane européenne de 17,6), la France se situait, en 2020, dans le bas du classement européen.[90]

. Une véritable réflexion sur l'économie de la conflictualité prenant en compte cette approche juridico-clinique des contentieux esquissée ici, pourrait faire apparaitre qu'à mieux appréhender les litiges dans leur dimension historique et conflictuelle, leur traitement pourrait s'avérer plus efficient économiquement, en tant notamment qu'une telle approche aide à statuer au plus près des difficultés rencontrées par les justiciables et à liquider

---

[90] Source Conseil de l'Europe citée par la Fondation IFRAP

durablement la conflictualité associée au litige, en évitant que d'autres contentieux n'émergent dans la suite du premier, et ce pour le plus grand bénéfice des justiciables et de l'institution judiciaire.

Tout cela peut paraitre évident et chaque professionnel s'efforce de répondre au mieux quotidiennement à ces contraintes ou exigences. Mais la politique judiciaire doit prendre sa part et veiller à encourager et aider bien plus largement les professionnels du contentieux à contribuer à la pacification des relations sociales dans notre pays.

Report sur les justiciables de la pression contentieuse

Presser le justiciable pour qu'il rentre dans un processus de médiation 'en tout état de cause', revient d'une certaine manière pour le législateur à le responsabiliser en lui faisant assumer personnellement ses interactions sociales et les litiges qu'elles suscitent, à le renvoyer à une intériorisation de ses conflits avec son adversaire et donc à s'obliger en participant à la médiation à s'asseoir en face de l'autre-adversaire, ce qui s'avère dans bien des cas insurmontable.

Dit autrement, le recours à justice serait désormais compris comme un échec de la part du justiciable en ce qu'il révèlerait une incapacité blâmable de sa part à intérioriser, gérer et métaboliser l'antagonisme qui l'oppose à son adversaire.

Ainsi, l'injonction de médiation voudrait les obliger à mobiliser leurs ressources personnelles pour s'interroger sur les raisons de leur conflit et à faire l'effort de définir par eux-mêmes les conditions de résolution à l'amiable de leur litige/conflit, ce qui revient à laisser ou renvoyer sur eux la charge de cette résolution hypothétique plutôt que de la transférer sur l'institution judiciaire.

Cette pétition de principe libérale qui a certes son mérite, postule qu'un contentieux doit relever de la responsabilité individuelle et pouvoir être résolu sans recours au juge, ce qui dans bien des cas n'est pas réaliste et équivaut, comme évoqué précédemment, à feindre d'ignorer les prédispositions conflictuelles de certains plaideurs, la complexité des enjeux litigieux et de leur intrication à des intérêts personnels, rendant difficile voire impossible aux plaideurs d'y voir assez clair pour transiger ou même suivre un processus de médiation.

Ainsi, ce renvoi péremptoire à une intériorisation du rapport de force et du conflit, en présumant en quelque sorte une cause purement endogène du conflit, méconnait-il parfois dangereusement les réels efforts déjà accomplis par les justiciables pour tenter d'atténuer l'impact des préjudices que leur adversaire leur a fait subir ou pour les assumer autant que possible.

L'on ne gère pas la conflictualité par décret.

Malgré l'apparente bonne intention de vouloir « responsabiliser » les justiciables par la faveur donnée à la médiation et à la « déjudiciarisation des contentieux », est à craindre un retour de la loi du plus fort, où le justiciable qui subit l'injustice ne pourra pas trouver le recours judiciaire efficace espéré pour contrer les actions préjudiciables d'un adversaire redoutable, qui saura assurément jouer habilement de cette faveur donnée à la médiation pour gagner du temps et prospérer dans une stratégie dilatoire.

A une époque où les tensions sociales, économiques et politiques sont devenues une réalité caractéristique du monde actuel, il importe plus que jamais que les justiciables puissent espérer trouver dans l'engagement d'une procédure à l'encontre de leur adversaire un moyen fiable et efficace d'obtenir justice dans des délais raisonnables, avec la perspective d'apaiser et liquider le litige/conflit qui les taraude ainsi que son entourage immédiat.

C'est ce que dit Simone GABORIAU dans un registre différent : « *Dans le contexte actuel de crise, où les individus ont le sentiment que la société les lâche et qu'ils se retrouvent seuls face à leurs difficultés qui vont grandissantes, le sentiment d'un désinvestissement institutionnel risque d'alourdir l'angoissante impression d'un transfert sur eux seuls du poids de la cohésion sociale* »[91].

C'est au législateur, par sa politique judiciaire, que revient la tâche de contribuer à la pacification du corps social en renforçant notamment les moyens d'accès à la justice civile.

Et ce n'est pas en multipliant les réformes de procédure qui tendent à rendre toujours plus inaccessibles les tribunaux qu'il y parviendra, ni en multipliant les lois de fond quadrillant toujours plus l'espace social avec l'illusion savamment entretenue de pouvoir préserver les citoyens de tout risque conflictuel dans l'espace social.

Ce n'est pas davantage en cédant à la tentation d'universaliser la médiation en postulant que chacun doit pouvoir régler ses différends à l'amiable, alors que la réalité humaine et psychologique qui ressort de la fréquentation régulière des situations contentieuses, est assurément plus complexe.

Seul un accès accru à la justice contribuera plus surement à apaiser les tensions sociales, ce qui implique en amont de valoriser davantage le travail judicaire des juges et des avocats et l'élaboration quotidienne de la jurisprudence (et non en multipliant des lois de fond à visée marketing qui ne sauront jamais se substituer au rôle pacificateur de la justice civile sur le long terme).

---

[91] 'Déjudiciarisation et administration de la justice' Simone GABORIAU, Présidente de chambre honoraire de la cour d'appel de Paris dans « Déjudiciarisation » Mare et Martin 2013.

Le législateur, à lui seul, n'en finira jamais avec la conflictualité.[93] Il lui faut faire avec la justice civile, lui faire confiance et accroitre ses moyens.

Conclusion

La tentation d'universaliser la médiation qui affleure à travers l'idéalisme libéral affiché par ses promoteurs, présuppose que tout justiciable, pourvu qu'il en ait la volonté, peut parvenir à un accord amiable et reprendre les rênes de son existence, selon la théorie de l'*empowerment*[94] ; mais, comme évoqué, les sous-jacents des situations contentieuses sont plus complexes.

Tout cela n'empêche pas l'offre de médiation d'être la bienvenue ; mais c'est aux parties qu'il revient d'arbitrer, de concert avec leur avocat, si une telle démarche est pertinente dans leur cas et y adhérer ou la refuser ou choisir le moment de sa mise en œuvre, sans préjudice de leur droit à engager un contentieux judiciaire devant des tribunaux réactifs et bien disposés à leur égard.

---

[93] Sans doute vaudrait-il laisser opérer, en toute confiance, la casuistique judiciaire déjà très encadrée par des lois prolixes et son abondante jurisprudence, notamment celle de la Cour de cassation qui rend un nombre d'arrêts considérable chaque année (15.000 arrêts environ par an), nombre sans doute excessif pour une Cour Suprême censée intervenir occasionnellement pour faire autorité sur des points de droit litigieux particulièrement épineux.

[94] « *Empowerment* » renvoie à la capacité d'agir des individus. Ce serait le processus par lequel les individus parviennent à prendre conscience de leur capacité d'agir et à prendre le contrôle des événements qui les concerne.

Il n'est souhaitable pour personne de vivre les affres d'une procédure conflictuelle souvent couteuse tant financièrement que psychologiquement.

Mais il appartient au justiciable, aidé en cela par leur conseil, d'apprécier le bien-fondé d'une recommandation insistante en vue de suivre un processus de médiation, en s'efforçant d'anticiper autant qu'il est possible si les nœuds irréductibles de conflictualité qui l'opposent à son adversaire justifient ou non, d'opter, sans plus attendre, pour la voie contentieuse seule à même de défendre une position exempte de compromission, de signifier une opposition résolue au déni de son adversaire quant aux préjudices qu'il lui a fait soi-disant subir et de permettre enfin le déploiement d'une certaine agressivité-conflictualité dans le cadre institué des procédures judiciaires, avec ses implications positives et cathartiques propres à catalyser, dans une perspective plus clinique, ses potentialités réorganisatrices.

Aujourd'hui plus que jamais, la voie de l'amiable, en l'état actuel de l'idéologie dominante, a la faveur de tous les acteurs gravitant autour de l'institution judiciaire et c'est, nul doute, une perspective à encourager.

Mais tout cela reste vrai à la condition que la médiation ne soit ni imposée, ni encouragée par des considérations politiques matérielles ou utilitaires (rapidité, efficacité ou économies budgétaires), qui risquent de méconnaitre ces possibles noyaux irréductibles de conflictualité qui imposent une solution judiciaire au litige sans avoir à attendre la fin d'un processus de médiation.

CHAPITRE 10

CONCLUSION

L'attention ici portée à cette conflictualité sous-jacente au cœur des contentieux, se situe aux confins du droit et de la psychologie et tentent de démêler ces deux démarches enchevêtrées que sont d'une part la pratique judiciaire visant à l'application rationnelle et pratique du droit et de la jurisprudence et d'autre part une approche plus sensible qui, sans se revendiquer comme 'clinicienne', serait d'une certaine façon clinique malgré elle.

D'où l'approche qualifiée ici de 'juridico-clinique' qui assume de se laisser saisir par ces deux perspectives inextricablement liées l'une à l'autre mais relevant de deux paradigmes bien distincts.

Nous nous sommes efforcés de présenter brièvement les interactions entre l'activité judiciaire classique ayant pour objectif de trancher les litiges et cette approche clinique[95] des contentieux qui tend à accueillir la dynamique conflictuelle sous-jacente qui affecte la plupart des litiges, sans pour autant tourner le dos à la mission de défense par définition juridico-judiciaire des avocats.

Cette prise en compte de la conflictualité dans les litiges qui implique, de la part des professionnels du contentieux, d'assumer plus explicitement, outre leur mission à proprement parler juridico-judiciaire qui est la leur, une démarche juridico-clinique d'accompagnement,

---

[95] Comme déjà évoqué, une approche dite « *clinique* » implique, étymologiquement, pour l'intervenant de se situer au chevet du client/patient, c'est-à-dire « au plus près » de sa situation, de ses intérêts, de ses besoins, ce qui, compte tenu de l'objet même de l'activité contentieuse, va plutôt de soi.

contribuera plus encore à ouvrir la profession d'avocat à une dimension et à une perspective, dont certains clients-particuliers notamment, semblent bien être aujourd'hui demandeurs.

Table des matières

Structures éditoriales du groupe L'Harmattan

L'Harmattan Italie
Via degli Artisti, 15
10124 Torino
harmattan.italia@gmail.com

L'Harmattan Hongrie
Kossuth l. u. 14-16.
1053 Budapest
harmattan@harmattan.hu

L'Harmattan Sénégal
10 VDN SICAP AMITIE 3
BP 45034 Dakar-Fann
direction@senharmattan.com

L'Harmattan Cameroun
Tsinga/Derrière polyclinique FECAFOOT
BP 11486 Yaoundé
Jacques.koukam@harmattan.fr

L'Harmattan Burkina Faso
Villa 281, secteur 23 623, rue 14.32
Ouagadougou
zagbie@outlook.fr

L'Harmattan Guinée
Almamya, rue KA 028 OKB Agency
BP 3470 Conakry
harmattanguinee@yahoo.fr

L'Harmattan RDC
185, avenue Nyangwe
Commune de Lingwala – Kinshasa
matangilamusadila@yahoo.fr

L'Harmattan Congo
219, avenue Nelson Mandela
BP 2874 Brazzaville
deunovmikhael@gmail.com

L'Harmattan Mali
Immeuble Mgr Jean Marie Cissé
Aci Hamadallaye
BP 145 Bamako
syllaka@yahoo.fr

L'Harmattan Togo
Djidjole – Maison Amela
face EPP BATOME
02 BP 20680 Lomé
didieramela11@gmail.com

L'Harmattan Côte d'Ivoire
Résidence Karl – Cité des Arts
Abidjan-Cocody
03 BP 1588 Abidjan
harmattan.ivoire@gmail.com

L'Harmattan Bénin
Rue 604, (Immeuble à l'entrée
de la rue UCAO- Cite de Saint-Jean)
Cotonou
stepcorpus@gmail.com

Nos librairies en France

Librairie internationale
16, rue des Écoles
75005 Paris
librairie.internationale@harmattan.fr
01 40 46 79 11
www.librairieharmattan.com

Librairie des savoirs
21, rue des Écoles
75005 Paris
librairie.sh@harmattan.fr
01 46 34 13 71
www.librairieharmattansh.com

www.ingramcontent.com/pod-product-compliance
Lightning Source LLC
LaVergne TN
LVHW021217061026
849535LV00008B/2790